경매로
장기 미집행시설 일몰제와
그린벨트 해제를
활용하라

경매로 장기 미집행시설 일몰제와
그린벨트 해제를 활용하라

제1판 1쇄 인쇄 | 2016년 12월 2일
제1판 1쇄 발행 | 2016년 12월 9일

지은이 | 정진용
펴낸이 | 고광철
펴낸곳 | 한국경제신문*i*
기획·편집 | 두드림미디어

주소 | 서울특별시 중구 청파로 463
기획출판팀 | 02-3604-565
영업마케팅팀 | 02-3604-595, 583 FAX | 02-3604-599
E-mail | dodreamedia@naver.com
등록 | 제 2-315(1967. 5. 15)

ISBN 978-89-475-4153-4 03320

경매로
장기 미집행시설 일몰제와 그린벨트 해제를
활용하라

정진용 지음

한국경제신문 *i*

필자가 토지보상경매 강좌를 시작하며 발간한 《경매와 토지보상을 하나로 토지보상경매》에 이어 토지보상경매를 실전에 활용할 수 있도록 매경출판에서 출간한 《토지보상경매 실전활용》이 독자들의 성원에 힘입어 높은 판매율을 기록하고 있습니다.

이것은 늦깎이 강좌를 시작한 필자를 도와주시려는 주변 분들의 후의와 새로운 패러다임의 경매 방법에 관심을 주시는 투자자들의 덕분이라고 생각합니다.

이에 다시 한 번 지면을 빌어 감사를 드리며 더욱 여러분들의 기대에 부응하고자 한국자산관리방송을 통해 동영상콘텐츠를 제작해 무료로 공개하고 있고, 또한 아카데미를 설립하여 지식나눔을 통해 받은 성원에 보답하고자 노력하고 있습니다. 앞으로도 지금과 같은 마음으로 독자와 수강생들의 자산관리에 도움이 되는 지식나눔을 통해 자리매김할 수 있도록 더욱 매진할 것을 약속합니다.

현재 부동산 시장은 한국은행의 전격적인 금리 인하로 시중 유동

자금이 부동산으로 몰려 경매는 과열양상을 띄고, 인기 지역의 분양시장은 높은 청약경쟁을 하는 등 지난 2006년 이후 활황세를 보이고 있습니다. 그러나 근래 부동산 투자자들의 희망봉처럼 보였던 NPL 투자 시장에서 대부업법의 개정으로 개인 투자자들의 채권매입은 사실상 금지되었고, 경매 시장은 최저금리 영향으로 낙찰가율은 시세와 별반 다르지 않게 형성되고 있어 부동산 투자자들이 새로운 투자처를 찾고 있으나 쉽지 않아 보입니다.

이에 필자는 2020년 7월 장기 미집행시설 일몰과 공익사업의 시행을 위해 반드시 해제해야 하는 그린벨트 해제토지가 요즘과 같이 어려운 투자 시기에 그 대안으로 선택할 만한 대상이라고 생각하고 추천합니다.

그러나 경매를 통해 이를 매수해야 하기에 당연히 민사집행법 등 경매에 대한 이해는 물론 장기 미집행시설과 개발제한구역을 주요 대상으로 하므로 부동산공법적 소양이 필요하고, 이후 매수청구와 토지보상을 통해 정리되는 경우도 고려해야 하므로 토지보상 절차 등 다양한 지식이 필요합니다.

이에 이 책에서는 공법적으로 숙지해두어야 할 내용과 참조해야 할 자료 등을 위주로 장기 미집행 도시계획시설 및 그린벨트 해제와 관련된 내용만을 발췌해 정리했고 경매에 대한 지식은 이미 상당한 수준이리라 생각해 기술을 자제하였습니다.

부디 이 책이 부동산 투자자들의 갈증을 해결하는 지혜의 샘이 되었으면 합니다. 독자들의 성공 투자를 기원합니다.

겨울의 문턱에서 정진용

| PART 1 |

투자 기초 10훈訓

—

1훈
골이 깊으면 산이 높다

경매과열이 우려되던 지난 2015년, 크리스마스 캐럴이 거리에 울리던 겨울 막바지에 부동산 시장에 두 방의 총성이 울려 퍼진다.

그 첫 총성은 미국 연방준비제도*Fed 이사회가 제로금리 시대의 마감을 알리는 금리 인상 소식이었고, 연이어 박근혜 정부의 가계부채 관리종합방안에 따른 대출규제 총성이 그 두 번째 총성이었다.

이에 신문지면에는 연일 부동산만이 아니라 경매 시장 역시 찬 서리를 맞을 수 있다는 우려의 목소리를 전했다. 경매 투자의 장점 중 하나인 레버리지 효과를 이용한 차입 투자 시, 종래와 다르게 원리금을 대출 초기부터 상환해야 하므로 낙찰자 부담이 커져 이런 추세로는 부동산 경매 시장의 전망이 어두워질 것이라는 예상이었다.

춘향이가 한양으로 가버린 이몽룡을 기다리듯 모든 신문이나 방송에서는 일관되게 부정적인 시그널만을 내보이고 있었고 대다수

---

* 1913년 12월 23일 성립한 연방준비법에 따라 시행되는 미국의 중앙은행제도

부동산 전문가들 역시 평균 매각가율이 떨어질 것이라는 일심동체의 예상을 했다. 그로 인해 대륙발 스모그로 인한 미세먼지 때문에 아파트 베란다를 절대 열지 않는 것처럼 경매 투자자들의 투자 의욕에 이중삼중의 자물쇠가 채워졌다.

만나는 모든 이들은 다가올 부동산 시장의 어둠으로 인한 필자의 호구지책糊口之策을 염려해주었고, 수강생들 역시 경매를 계속해야 하는지를 묻는 우려 섞인 질문이 인사치레였다.

이처럼 누구나 부동산 경매 시장을 어두운 터널로 달려가는 폭주기관차인 양 두려워하고 있었지만, 필자는 이와 달리 내심 꽃피는 봄을 기다리는 처녀처럼 투자 적기로 생각하고 있었다. 낙찰가율은 하락할 것이고 결국 전문 경매 투자자에게는 최고 지향점인 저가매수를 달성할 수 있는 절호의 기회로 작용할 것으로 보였기 때문이다.

그러나 2016년 부동산 경매 시장은 호들갑스럽던 예상과는 달리 한국은행의 전격적인 금리 인하로 인해 갈 곳 없는 시중 유동자금이 부동산으로 몰리며 하락과는 정반대로 낙찰가율은 고공행진을 기록하고 있다. 서울 전체 아파트 매매량은 2016년 7월 기준으로 정부가 조사를 시작한 이후 부동산 호시절로 기억되는 2006년 이후 역대 최고치를 기록하며 부동산 전문가들의 예상을 무색하게 만들어버렸다.

이런 탓에 필자의 호구지책을 걱정하던 지인들이 이제는 나막신장수와 우산장수의 어머니같이 경매 낙찰가율이 높아짐에 따른 경매 수강생 모집을 걱정하게 됐다.

사람이 인생을 살아가다 보면 고진감래苦盡甘來만 있는 것이 아니라 감진고래甘盡苦來도 있기 마련이다. 오르막이 있으면 내리막이 있음은 자연의 섭리인 것처럼 불황이 지나면 경기는 활성화가 될 것이고 또다시 불황이 찾아오는 일은 자명한 일이다. 이런 낙하와 상승을 반복하는 경기순환은 투자자에게 수익과 손실을 맛보게 할 것이다.

그러나 평범한 부동산 경매 투자자들은 경기불황이 드리우면 매각이 어려워 수익을 얻기가 어렵고 경기가 호황을 맞이하면 낙찰가율이 높은 탓에 매수가 어려운, 그야말로 나막신장수의 어머니가 되어버린다.

투자 격언에 골이 깊으면 산이 높다고 했듯이 하락이 크면 상승폭은 커지기 마련이고 현명한 투자자라면 이런 기회를 놓칠 일이 없다. 이런 롤러코스터는 짜릿한 쾌감을 맛보게 될 것이지만, 초보 투자자에게 롤러코스터는 공포의 대상일 뿐이다.

주식 투자 이론에도 공포국면을 지나면 침체국면이 오고 이후에는 매집국면이 도래하게 되며 침체국면과 공포국면에 일반 투자자들은 투매현상을 보인다고 기술하고 있다. 그러나 전문 투자자들은 이와 반대로 일반 투자자들의 실망매물을 매입해 상승국면과 과열국면을 대비하는 시기이기도 하다.

경매 시장이 뜨거운 시기에는 돈 버는 두 집단이 있는데 그 하나는 유료경매정보사이트이고 다른 하나는 경매교육기관이다. 반면, 경매 시장이 냉각되어도 돈 버는 두 집단이 있는데 하나는 역시 유료경매정보사이트이고 나머지 하나가 바로 전문 경매 투자자들이다. 그러나 이 시기에 얼치기 투자자들은 신규 투자는 절대금물이 되고 뿌린 것도 거두기에 바쁘며, 심지어 공포로 투매하는 양상을 보이는 등 전형적인 청개구리 투자를 하게 된다.

초보 투자자들이 생각하기엔 내공 높은 전문 투자자들은 복잡한 권리관계에 달통해 얽히고설킨 경매물건만을 하는 고수들로 생각하지만 실상 그들도 실타래 엉킨 듯 복잡한 권리물건은 그다지 선호하지 않는다. 단지 투자 적기를 기다리는 투자법을 이용하는 소위 세월을 낚는 강태공식 투자인 경우가 많다.

독자들이여, 부동산 가격 내려간다고 어둠의 터널에 들어섰다고 공포를 느끼거나 낙찰가율이 올라 먹을 것 없다고 투덜거리지 말라!

인간에게 날개가 생기지 않는 한 부동산은 필요하고, 수면이 사라지지 않는 한 침대와 주택은 필요하기 마련이다. 심연이 제아무리 깊다 해도 바닥은 있기 마련이고 닭 모가지를 비틀어도 새벽은 온다.

어둠을 탓하지 말고 장기 미집행시설 일몰과 그린벨트 해제라는 새벽을 기다리는 현명한 투자자가 되어보자.

2훈
부동산 투자는 장기 투자

요즘 젊은 세대들에게는 믿기지 않는 이야기겠지만 족발로 유명한 장충동에 있는 장충체육관은 필리핀의 원조로 만들어진 체육관이다. 체육관 건설 당시만 해도 필리핀은 아시아권에서 일본 다음의 부국이었으나 이제는 오히려 우리가 원조를 수여하는 국가가 되었으니 대한민국 국민으로서 나름 뿌듯함을 느낀다.

그러나 얼마 전 충격적인 소식을 전해 들었다. 마스터카드 금융지식지수조사*에 따르면 한국은 아시아, 태평양지역 16개 시장 중 13위라는 것이다. 금융지식지수는 베이식 머니 매니지먼트Basic Money Management, 파이낸셜 플래닝Financial Planning, 투자Investment 총 세 개 부문에 대한 조사를 통해 소비자들의 예산 계획, 저축, 책임 있는 신용 사용에 대한 기본 금융관리능력을 조사해 지수로 산출하는 데, 발표에 따르면 투자 부문에서 한국은 48점으로 아시아, 태평양지역 16

---

* 마스터카드 금융지식지수 조사는 아시아, 태평양지역 16개 시장(한국, 호주, 방글라데시, 중국, 홍콩, 인도, 인도네시아, 일본, 말레이시아, 미얀마, 뉴질랜드, 필리핀, 싱가포르, 타이완, 태국, 베트남)의 소비자 (18~64세)를 대상으로 실시 (출처 : 마스터카드 월드와이드 코리아)

개 시장의 평균(58점)보다 낮다는 것이다.

아시아권에서만큼은 강국이라는 나름대로 자부심이 있었는데, 이런 충격적인 성적표를 보게 되니 지금까지 자만에 지나지 않았다는 자괴감이 든다.

물론 일본이라는 경제 대국과 중국이라는 새로운 초대형 공룡이 나타나 아시아 최고 부국으로의 도약은 쉽지 않겠지만, 이를 제외한 국가들에게만이라도 완전한 승리를 위해 경제교육 및 금융교육에 더욱 많은 지원과 투자가 되어야 할 것으로 보인다.

돌이켜 생각해보면 필자가 강의 중 간혹 금융경제와 관련 기초적인 내용을 묻곤 하면 혼동을 하는 답변이 더러 있었는데 그 대표적인 경우가 자산과 자본의 차이, 고정자산*과 유동자산에 대한 구분이다. 고정자산과 유동자산의 차이를 질문에 상당수의 사람들이 고정자산은 부동산을 말하고 유동자산은 동산이라는 답변을 한다. 부동산 측면에서 본다면 부정할 수는 없는 말이긴 하지만 이는 국어학적 의미에만 해당할 뿐, 이에 대해 명확하게 구분할 수 있는 수강생들이 많지 않다. 이런 결과가 필리핀보다 낮은 금융지식성적표를 받게 하지 않았을까 생각한다.

물론 유동자산과 고정자산의 차이와 같은 회계용어를 혼동했다고 해서 금융지식지수조사에서 하위권을 맴돈 원인이 되는 것은 아니겠지만, 이왕이면 아시아권에서만큼은 언제나 선두를 유지하고픈 필자의 투정이라고 이해해주기 바란다.

그렇지만 이왕이면 다홍치마라는 속담도 있듯이 투자에 필요한 기초적인 금융지식 등도 갖춘다면 투자를 통해 수익을 창출하는 입

---

* 현재는 비유동 자산으로 구분

장에선 더욱 효율적인 투자가 가능하다. 또한 투자 시 그 대상을 명확하게 구분할 수 있게 됨으로써 투자 방향을 설정하는 데 도움은 될 수 있을 것으로 생각한다.

고정자산은 기업이 비교적 장기간에 걸쳐 영업활동에 사용하고자 취득한 자산으로, 판매 또는 처분을 목적으로 하지 않고 비교적 장기간에 걸쳐 영업활동에 사용하고자 취득한 자산이다. 일반적으로 1년 이상 회사가 소유하고 사용할 수 있는 자산을 의미하고, 대표적으로 토지와 건물 등 부동산이 해당한다.

반면 유동자산은 현금·예금·상품 등 1년 이내에 현금화가 가능한 자산, 또는 전매할 목적으로 소유하고 있는 자산을 말한다.

부동산 투자자 입장에서는 고정자산이 토지와 건물 등 부동산이 맞기는 하지만, 자산운용의 측면에서는 1년 이상 소유해야 하는 영업용 자산으로, 대부분 부동산 투자자들은 동산자산처럼 단기간 현금화를 하려고 애쓰는 경향이 높다.

이런 투자 행동은 수익률을 배가시키기 위해 과도한 경락 잔금 대출과 같은 레버리지 투자를 일으키게 만든다. 그리고 시장이 예상과 다른 반대 방향으로 진행되어 하락하게 되면 단기간 현금화가 어렵게 되어 손실을 보고 매각해야 하는 결과를 초래하게 된다.

회계 이론상이 아닌 금융의 수익률 계산에 의한 방법에도 부동산 투자가 장기 투자가 되어야 하는 이유가 있다.

대다수 투자자가 부동산에 투자하는 이유는 수익률을 목적으로 하는 것으로 즉, 소유 부동산의 미래 투자 가치가 있을 것으로 보고 투자하게 된다.

이때 미래가치$_{Fv}$는 다음과 같은 식으로 그 가치를 구할 수 있다.

$$Fv = Pv \, (1+r)^n \text{으로}$$

$$\text{미래가치} = \text{현재 보유가치} \times (\text{수익률}) \text{ 보유기간}$$

여기에서 Pv에 해당하는 현재가치는 현재의 자산가치로 소유 부동산을 의미하는데, 그 가치는 고정되어 있어 종국적 목표인 미래가치(Fv)를 상승시키지 못한다. 하지만 (1+r)에 해당하는 수익률이 상승한다면 미래가치(Fv)는 상승하게 된다.

그러나 (1+r)에 해당하는 수익률은 투자자 자신이 임의로 증가시킬 수 없고, 결국 자신의 의지에 따라 조정이 가능한 것은 n이라는 투자 기간뿐이다. 이를 종합해보면 현재 보유하고 있는 부동산 가치와 수익률은 외부요인에 의해 결정되므로 자신이 결정할 수 있는 요인이 아니다. 결국 확실하게 자신의 의지에 따라 미래가치를 증가시킬 수 있는 것은 보유기간을 늘리는 것으로, 부동산 투자 수익률을 올리는 확실한 방법은 장기보유라는 결론에 도달한다.

물론 부동산은 생물과 같아 그 특성을 방정식에 대입 적용하는 것은 무리라고 주장할 수 있겠지만, 이론적이라도 장기 투자를 해야 하는 근거를 설명해야 하기에 이를 기술했다.

이외 투자 수익 면에서도 장기 투자가 유리할 수밖에 없다.

대한민국 국민이라면 지켜야 할 납세의무 때문이라도 장기 투자가 유리하다. 국가는 부동산이 투기대상으로 되는 것을 원치 않아 단기 투자에 대해선 혹독한 세금을 부과한다.

이런 세금체계는 국가 재정을 건전하게 하고 예산이 풍부해져 국민복지가 잘 될지는 모르겠지만, 투자자로서는 혹독한 세금부과가 혹독한 수익률 하락으로 나타나는 결과를 맛보게 된다.

예로 주택의 경우에 1년 미만 투자와 1년 이상 투자의 경우만 비교해봐도 엄청난 수익률 차이를 보인다. 주택의 보유기간이 1년 미만이라면 40%의 세율을 부과하지만, 1년이 지났다면 일반세율을 적용받게 된다. 가령 양도차익이 1억이라면 1년 미만의 경우 4천만 원을 양도소득세로 납부해야 하지만, 1년이 지났다면 2,010만 원만 납부하면 되기에 무려 50%라는 수익률 차이가 나게 된다.

어차피 부동산 투자는 수익률이 모든 것을 대변하는데, 빈번한 투자가 반드시 수익률 증가로 나타나진 않으므로 촉과 감으로 하는 어설픈 투자의 어설픈 수익률보다 때에 따라선 장기보유로 세금감면에 따른 수익률이라도 올리는 것이 현명한 투자 방법이라 할 수 있다.

더욱 투자 대상이 비사업용토지라면 과세비율은 중과세율을 포함해 60%라는 세금폭탄으로 수익률 하락은 눈덩이 불어나듯 불어나게 된다.

반면 장기 투자 시에는 장기보유 특별공제 혜택이 적용된다. 비사업용 토지를 10년 이상 보유한 후 처분하면 양도차익의 최대 30%까지 공제받을 수 있다. 대부분의 투자자들이 10년 이상 장기 투자 계획을 갖는 경우는 그리 많지 않아 보이지만, 부동산을 보유하는 것만으로도 수익률은 올라간다. 어설픈 얼치기 투자보다 보유함으로써 세금이라도 덜 내는 투자 방법도 있다.

투자는 포트폴리오가 중요하다는 것은 누구나 아는 상식이지만 상식이 상식으로 끝나는 것이 아니라 실천이 중요하다. 장기보유의 방법도 포트폴리오의 하나임을 잊지 말기를 바란다.

지금 여기까지 읽은 독자 중에는 고개를 끄덕이며 역시 부동산은 장기 투자가 유리할 것으로 생각하는 독자들이 있을 것이다. 그런 독자들에게 그렇다면 언제까지가 장기 투자 기간이라고 생각하는지 묻고 싶다.

오래되었다고 부동산이 진품명품에 나갈 수 있는 골동품 대접을 받을 수 있는 것이 아닐 것인데 장기보유한다면 무엇이 이득이 될 수 있을까?

"오래 보유했다고 무조건 수익이 날 수 있을까?"

단순히 장기 투자란 단어를 그대로 직역하자면, 오랜 기간을 보유하는 투자를 말하겠지만, 부동산 투자에서는 단순히 단어 의미 그대로를 받아들여 그냥 오랫동안 보유해야 한다는 사고가 아니다. 자신이 원하는 수익률을 달성할 수 있는 일정한 기간을 말하는 것으로 해석해야 할 것이다.

2020년 7월이 되면 제한이 풀리는 장기 미집행 도시계획시설이 부동산 투자자에게 장기 투자의 최적 대상으로 손색이 없을 듯하다.

예전 이명박 정부 시절 필자가 고등학교 졸업자 취업프로그램정책에 따라 특성화고등학교 학생들의 취업을 돕기 위해 펀드 투자 상담사 등 금융 자격취득과정을 지도한 경험이 있는데, 휴식시간 대화 중 학생들이 가장 싫어하는 말 중 하나가 '세상에서 공부가 가장 쉽다'라는 말이란 것을 알았다.

간혹 수강생이나 독자 중에는 필자가 교수이므로 공부하기를 좋아하고 잘했을 것으로 오해하기도 하는 분들이 많은데 필자 역시 공부라는 말만 들어도 머리가 지끈거리고 온몸이 꼬이며 책상머리만 앉으면 눈꺼풀이 무거워지는 점은 다른 사람과 마찬가지였다. 그러나 아이러니하게도 본인도 싫어하는 공부를 가르치는 강사가 그 업業이 되었고 그중에서도 민사집행법을 근간으로 하는 경매와 부동산 공법이란 딱딱한 책을 쓰고 공부를 가르치게 된 것을 보면 드라마의 단골주제인 운명의 장난이 아닌가 싶다.

업業인지 업보業報인지 부동산을 다리에 힘이 풀릴 때까지 공부해야 하는 강사로서도 부동산공법은 어렵고 머리 아픈 분야다. 그 구성을 보면 대부분 실생활에 자주 사용하지 않는 행정용어로 이루어져 있어 어떤 때는 당장 자리를 박차고 나가버리고 싶을 때도 많다.

그런데도 탈모를 유발할 것 같은 어려운 부동산공법을 왜 배우고 익혀야 할까?

비록 복잡하고 어려워 아스피린을 찾게 할지는 모르겠지만, 부동산 투자 시 그만큼 유용하고 효용성이 있기 때문으로 이를 이해하게 되면 독자들의 지상 최대의 목표인 수익을 보장받을 수 있는 실마리를 마련할 수 있게 된다.

부수적이지만 노후 건강에도 도움이 된다. 비의학적인 소견으로 억지 주장을 하자면 뻑뻑한 머리를 굴려야 하기에 치매 예방에도 도움이 될지도 모른다.

필자가 비록 툭 치면 척하고 나오는 높은 공법지식을 갖추지는 않았지만 알량한 부동산공법지식이라도 쌓기 위해서 한 학습은 나름 고통이었다. 그런 고통을 알기에 독자나 수강생들에게만큼은 그 고통을 감내하라고 하고 싶지는 않다.

예로 부동산공법에서 가장 먼저 직면하는 것이 바로 지역·지구·구역인데 용어에 대해 의외로 혼란스러워하는 분들이 많다. 그 이유는 법률에 의해 구분되는 지역·지구·구역은 약 300여 종에 이르고 있고 모든 개념을 명확히 이해하고 그에 따른 행위제한을 인지하는 것은 부동산 전문가라도 불가능에 가깝기 때문이다.

또한, 독자들은 학자보다는 투자자의 입장이기에 투자에 적용할 수 있는 개략적인 이해와 이를 구분할 수 있는 능력만 갖추면 되므로 수준 이상 학습의 고통을 같이하자고 하지 않겠다. 더욱 자신이 하고자 하는 투자에 필요한 지식만을 골라 배우면 되고, 이를 더욱 쉽게 알려주는 것이 먼저 배운 사람의 몫이기에 고통 분담을 요구하고 싶지 않다.

그러나 아는 만큼 보인다고 하였기에 기본적인 최소의 학습은 필요로 한다. 중세시대 콜럼버스는 자신의 항해 경험을 근거로 "그래도 지구는 둥글다"라는 주장을 펼치다 졸지에 처형 위기까지 몰렸다고 한다. 당시에 지구는 평평하고 그 끝에 가면 낭떠러지가 있어 돌아올 수 없다고 믿었다는데 사실 그 끝을 본 사람은 하나도 없고 떨어졌다면 살아 돌아올 수 없어 이를 증명할 수가 없음에도 누구나 이를 사실처럼 믿어왔다.

이런 검증되지도 보이지도 않는 사실을 믿는 어부들은 먼바다에 나가 고기를 잡는 일이 두려웠겠지만, 콜럼버스는 지구는 둥글다는 것을 확신했기에 아메리카 신대륙을 발견할 수 있었을 것이다.

근래 들어 경매 투자 시장에도 이처럼 신대륙발견을 하고자 하는 투자자들이 토지경매에 관심을 보여 토지 관련 부동산 도서 출간이 늘어나고, 이를 배우고자 하는 수강생이 증가하고 있는 덕분에 토지 낙찰가율이 상승하는 추세를 보인다.

그러나 많은 토지 관련 경매 강좌를 보면 상당수는 경매로 매수한 토지를 개발행위를 통해 수익을 창출하는 내용으로, 책 서너 권 독파하고 강의 몇 시간 배운 토지 투자 입문자에게는 쉽지 않은 일이다. 이는 경험지수가 높아야 실천 가능한 투자법이라 할 수 있다.

속전으로 배운 어설픈 항해법으로 신대륙 발견을 위한 모험을 강행하다가는 난파당해 목숨을 잃을 수도 있어 필자 입장에서는 초보 부동산 투자자에게는 권장할 만한 투자법이 아님을 밝히고 싶다.

그러나 부동산공법의 단골 주제인 도시계획시설 일몰이나 그린벨트 해제 예정 부동산은 토지이용계획이라는 지도를 볼 수만 있다면 비교적 쉽게 누구나 도착할 수 있는 신대륙이다. 지금이라도 투자와 치매 예방 두 마리 토끼를 잡는 공부에 도전해보기를 권한다.

4훈
대감님 댁 돌쇠

　　과학의 발달로 인간이 화성을 탐사하는 세상이 되었지만 사실 지구에서 일어나는 일조차도 풀지 못하는 미스터리 현상은 아직도 수두룩하다. 유전자를 마음대로 조작하는 세상이지만 인간의 모든 병을 다스리지는 못한다.

　이처럼 잘난 인간이 아직도 밝히지 못하는 것 중 하나가 닭이 먼저인지 달걀이 먼저인지 모른다는 것이다. 간혹 학습을 먼저 해야 하는지 투자가 먼저인지 묻는 경우가 있는데, 결론은 닭이 먼저인지 달걀이 먼저인지는 모르겠으나 필자의 사견으로는 투자보다는 학습이 우선이라고 전하고 싶다.

　학습은 투자 성공을 보장하지는 않지만, 최소 원금은 보장해준다.

　부동산 투자로 수익을 창출하기 위해서는 저가매수·고가매도를 해야 하는 것이 기본상식이지만, 이는 누구나 갖는 희망이자 목표이므로 별론으로 하고 우선 대상 부동산이 수익에 적합성을 갖는지부터 생각해보자.

민법 제99조에서 부동산은 토지와 그 정착물이고 부동산 이외의 물건은 동산이라고 규정하고 있다. 여기에서 정착물은 여러 가지 종류가 있겠으나 본서에서는 그냥 건축물만을 대상으로 선택해보자.

우선 건축물만을 놓고 볼 때 이를 매수한 경우에 저가매수·고가매도를 할 수 있는지 여부 즉, 건물가격의 상승을 기대할 수 있는지를 생각해보아야 한다. 단순한 비유겠지만 건축물은 시간이 지나게 되면 낡아져 기능은 저하되고, 이에 따른 보수비용이 지출되어야 하므로 기능적·물리적 감모에 따라 그 가치는 하락하게 된다.

한마디로 오래된 건물은 골동품이 되어 진품명품에 나가는 것이 아니라 기능을 유지하기 위한 비용만 들어가는 애물단지가 되어버리므로 건물만을 대상으로 하는 투자 가치는 없다고 하겠다.

물론 지상권 성립의 경우 투자 가치를 따질 수 있으나 보편적인 투자 대상이 아니므로 별론으로 한다.

그렇다면 부동산에서 주요 투자 대상이 되는 것은 토지가 남게 되고, 토지는 천재지변을 제외한 자연적 기능이 저하되는 일이 없어 현상유지를 위한 비용의 지출이 없으므로 이론적인 면에선 그 가치는 유지된다. 가치를 형성하는 요인에는 여러 가지가 있으나 이중 용도와 지목이 가장 많은 영향을 미치게 된다.

즉 토지의 가치는 용도로 정해지고 용도는 토지이용의 제한사항을, 지목은 이용사항을 나타내는 것이다. 이를 비유하자면 조선 시대에 사·농·공·상의 서열이 있었듯이, 토지도 출생이 무엇이냐에 따라 신분이 결정된다고 할 수 있다. 지목에 따른 분류에서 임야가 미천한 머슴 돌쇠라면 대지는 대감님에 해당한다고 비유할 수 있을 듯하다.

오래전 대감님 댁 머슴 돌쇠가 작은 아씨와 눈이 맞아 야반도주하고, 아씨가 삯바느질하며 주경야독으로 돌쇠에게 글을 가르쳐 돌쇠는 결국 과거시험에 급제해 금의환향해 잘 먹고 잘살았다는 해피엔딩 드라마가 있었다.

부동산도 이처럼 비록 출신이 미천한 임야일지라도 개발행위를 통해 신분상승이 되면 대지라는 신분을 얻게 된다.

기왕이면 임야보다 구거(하천)가 더 미천하니 구거를 신데렐라로 삼으면 좋겠지만, 욕심이 과하면 탈이 나는 법이니 확률이 높은 신분상승을 기대하자.

따라서 부동산도 대갓집 아가씨가 좋아하는 우직한 돌쇠와 결혼해 마패 차고 귀향하는 드라마처럼 신분상승을 할 수 있는 토지를 골라야 기회를 얻게 될 것이므로, 미천한 출신의 임야나 농지가 그 주요 대상이 된다.

그러나 돌쇠가 자연인으로 홀로 백날 살아간다면 신분상승의 기회는 얻기 어렵다. 대감님 댁에서 종살이라도 해야 아가씨 눈에 드는 기회를 얻을 수 있는 것처럼 부동산 역시 도시근교에 위치한 임야나 농지가 신분 상승의 기회를 얻기에 유리할 것이다.

어차피 부동산 투자의 최종 목적지는 수익이라고 할 때, 기왕이면 수익률 달성 확률이 높은 부동산에 투자하는 것이 최선이므로 강남의 1억 원짜리 토지가격이 2억 원으로 상승하는 기회보다는, 만 원짜리 토지가 2만 원이 되는 기회가 많을 것이다.

이왕이면 도시지역에 있는 토지가 상승의 확률이 높다고 할 수 있지만, 초보 투자자들은 대한민국의 과반수가 서울 및 경기도에 살기에 도시계획확인서상의 도시지역을 도시근교와 수도권으로 혼동하는 일들이 벌어지기도 한다.

그래서 부동산공법에서는 특별시, 광역시, 자치시, 자치도, 시·군·구가 단골메뉴로 등장하게 되는데 이 행정 구분은 공인중개사의 2차 과목인 공법합격을 위해 필요해서만이 아니라 지금처럼 투자대상 지역을 이해하기 위해서도 필요하다.

더욱 본서에서 다루고자 하는 장기 미집행 도시계획시설과 그린벨트는 경매를 규율하는 민사집행법의 내용이 아니다. 핵심 공법의 하나인 도시계획법이나 개발제한구역의 지정 및 관리에 관한 특별조치법에 대해 기초만이라도 인지하고 있어야 한다.

그런데도 민사집행법만으로 장기 미집행 도시계획 일몰부동산에 도전하는 것은 경매하는 것이 아니라 경매의 'ㅣ'를 빼버린 경마와 같은 도박을 하는 것과 다르지 않다.

경매를 할 것인지 경마를 할 것인지는 독자들의 몫이다.

  우리나라의 최초 도시계획은 1934년 일제에 의한 조선신시 가지계획령부터 시작되었다. 아직도 일제의 도시계획 잔재가 남아 있는 지방지역 도시들이 있는데 그 대표적인 잔재시설이 로터리다.

  그러나 일제가 수탈을 목적으로 구축한 그 잔재시설마저도 해방 이후 5년 만에 일어난 한국전쟁으로 그나마 남아 있던 도시와 시설들마저 모두 철저히 파괴되었다.

  이후 새벽종이 울리는 새마을운동으로 대표되는 산업화 과정에서 집중적인 도시개발이 시작되었다. 1970년경 시작된 강남 개발의 대표적인 동네로 당시 말죽거리*를 꼽을 수 있다. 〈말죽거리 잔혹사〉라는 영화에도 나오는 말죽거리는 지금의 양재역 사거리 일대를 말한다.

  1970년 당시의 토지가격은 평당 100~200원 수준이었지만,

---

* 조선 시대 양재역이 위치해 여행자들이 타고 온 말에게 죽을 끓여 먹였다는 데서 유래되었으며, 조선 시대 인조가 이괄의 난으로 인해 공주로 피난 갈 때 말 위에서 죽을 마셨다 하여 붙여진 이름이라는 설도 있다. 한자로 마죽거리(馬粥巨理)라고도 한다. (두산백과)

1980년까지 200배가량 상승했는데 전국 토지의 가격 상승은 불과 15배가량이었다. 재미있는 사실은 강남이 현재는 서울의 중심축이지만, 당시에는 서울이 아니라 서울근교지역이었다는 점이다.

이런 사실 때문인지 필자는 가끔 헛된 생각을 하곤 한다. 장학금 면제받으며 하기 싫은 억지 공부하면서 바친 등록금으로 강남지역에 토지만 사두었어도 지금보다 나았을 것이라는 그야말로 망상이다.

"그런데 왜 강남이었을까?"

당시 최고의 중심지역은 사대문 안 현재의 종로를 중심으로 하는 명동, 충무로 인근지역이었다. 급격한 산업화와 도시화에 따른 강북지역이 과밀화되자 강북을 억제하고 집중 개발한 결과물이 지금의 강남이다.

어디에서 읽었는지 들었는지 정확히 기억나지는 않지만, 6.25 교훈으로 얻은 북한의 군사침략에 대비해 한강 이남지역을 군사적 전략 차원에서 계획되었다는 설도 있도 있다. 그 결과 1963년~2007년 사이 소비자 물가는 43배, 도시근로자 가구 실질소득은 15배 오르는 동안 서울의 토지 값은 1,176배, 대도시지역은 923배 상승했다고 한다.* 그리고 최근 한국은행 경제통계국에서 발표한 '우리나라 시계열추정보고서'에 의하면 1964년 대비 2013년 우리나라 평균 토지가격은 3,030배 증가했고 이 중 대지는 5,307배 급증했다고 한다.

그야말로 투자 대박 중 가장 대박이다. 필자가 하는 망상으로 토지상승을 계산해본다면 1965년 당시 자장면 한 그릇 가격이 35원가량이었다고 하는데 이를 추정해 필자의 돌잔치 비용이 만 원이라

---

* 손낙구 2008

고 가정하고, 이 비용 모두를 토지에 투자했다면 현재 발표에 따른 토지가격으로 환산해서 대략 5억 3천가량이 된다.

돌잔치 안 하고 그 돈으로 땅만 사두었더라면 하는 망상을 어찌하지 않을 수 있으리오. 살기 퍽퍽한 일이라도 생기면 돌아가신 아버님께서 내 돌잔치 비용을 아껴 부동산 투자하셨더라면 하는 헛된 망상으로 불효를 저지른다.

그러나 망상은 망상일 뿐으로 현실로 돌아오면 다행히도 2020년에 다시 그 기회를 엿볼 수 있다. 내 후손들이 필자와 같은 망상을 되풀이하지 않도록 하고자 한다.

6훈
독과 약의 구별

매년 돌아오는 신년계획 중에 가장 많은 계획은 금연과 다이어트다. 필자도 매년 이 계획에 적극적으로 동참하는 일원이기도 하지만 계획은 말 그대로 계획으로 끝난다.

올 초에도 스무 번째 반복되는 야심 찬 금연 및 다이어트 계획을 세웠으나, 사흘이 아닌 불과 반나절 만의 흡연으로 깨져버렸으니 내년에는 스물한 번째 계획을 세워야 할 판이다. 식구들은 지키지도 못할 계획에 대해 화를 내지만 계획은 세우라고 있는 것이라고 대답하고 넘어가버린다.

개인의 계획도 단 몇 시간 만에 물거품이 되어버리는데, 장기적으로 수립되는 방대한 국가계획 역시 모두 지켜질리 없고 계획대로 이루어진다고 해서 모두 성공적인 계획이라고는 할 수 없다.

국가계획도 이와 마찬가지다. 닭의 모가지는 비틀어도 새벽은 온다고 하던 고(故) 김영삼 대통령 시절 도입된 준농림지역 제도는 부동산 정책 중 실패한 대표적인 국토계획제도다.

국토의 발전 방향을 설정하고 이를 달성하기 위한 국토계획은 2003년 시행된 국토계획법에 따라 계획·이용·관리되지만 그 이전에는 도시지역은 도시계획법에 따라 이루어졌으며, 비도시지역은 국토이용관리법에 따라 이용되었다.

당시 김영삼 정부는 부족한 주택 수급을 목적으로 택지난을 해소하기 위해 1994년 준농림지역을 도입해 부족한 주택·공장용지 확대에는 이바지했으나 계획기법의 부족으로 이는 결국 소위 집 장사들의 배만 불렸다. 나 홀로 주택, 나 홀로 공장 등 나 홀로 시리즈만을 양산해 난개발을 초래하게 되었다.

그 실상을 알 수 있는 당시 기사를 소개한다.

준농림지역 주택건설 허용

준농림지역 주택건설 허용
농지전용 확대 아파트 등 이르면 10월부터

준농림지역에도 아파트 등 모든 주택을 지을 수 있게 된다. 건설부는 25일을 기해 55만 가구 주택건설에 따른 택지난을 해소하고 주택의 원활한 공급을 위해 지금까지 근로자와 농가주택에 한해 신축이 허용되던 준농림지역에 아파트를 포함, 모든 주택의 신축을 허용할 방침이다.

건설부는 이에 따라 현재 주택신축이 엄격히 규제되고 있는 준농림지역에 모든 주택이 들어설 수 있게 하려고 농지전용을 확대하는 농지이용 및 보전에 관한 법률 시행령을 개정하도록 농림수산부에 요청했다.

농림수산부도 매년 심각해지는 대도시 주변의 택지난을 감안, 건설부의 이 같은 준농림지역 농지전용방안을 받아들일 것이 확실시돼, 이르면 10월 이후 하반기 이들 지역에 아파트 등 대단위 주택건설이 허용될 것으로 보인다.

준농림지역에 일반주택의 신축이 허용되면 최고 3만㎡(9천 평, 7백 가구 정도) 이내에서 아파트 등 대단위 주택단지 조성이 가능해져 도시 주변에 원활한 택지 공급이 이어질 전망이다.

1994. 2. 26. 경향신문

준농림지역 고층아파트 건축 허용

지난달 규제 강화, 업체 반발에 예외 인정
마구잡이 개발 부작용 우려

준농림지역 주택건축에 관한 정부정책이 갈피를 못 잡고 있다.

건설부는 지난 1월부터 준농림지역에 대한 개발을 대폭 허용한 뒤 마구잡이식으로 아파트가 들어서는 등 말썽이 빚어지자 지난달 22일 규제를 대폭 강화했다가 업체들의 민원이 제기되자 14일 규제를 예외 조항으로 만들어 고층아파트 건축을 허용했다.

이번에 준농림 건축 규제와 예외를 허용함에 따라 이들 지역이 또다시 마구잡이식 개발로 물 부족, 교통 체증 유발, 경관 훼손, 환경 파괴 등 개발 부작용이 우려된다.

건설부는 연초엔 준농림지역에 용적률 400%까지 층수 제한 없이 아파트를 짓게 했으나 일부 아파트 단지가 식수 부족, 학교시설 미비 등으로 말썽을 빚자 뒤늦게 규제를 강화 용적률 150%, 15층 이하의 아파트 건축만을 허용했다.

그 뒤 수도권 준농림지역에 땅을 많이 사놓은 업체들의 민원이 제기되자 건설부는 규제 강화 후 20일도 안 된 14일, 4개의 예외 조항을 만들어 용적률 250%, 20층 이하의 아파트 건축을 허용했다.

이번 예외 조치는 개발 이익이 높은 수도권 준농림지역의 땅을 미리 확보해놓은 일부 건설업체들의 요구에 밀려 마련된 것으로, 앞으로 특혜시비가 예상되는데 업체들이 확보해놓은 수도권 준농림지역 땅은 80여 곳의 66만 평에 달하는 것으로 조사됐다.

1994. 7. 15. 동아일보

이처럼 잘못된 국가 정책은 국토의 난개발이라는 사회적 문제를 일으키지만, 본서에서 김영삼 정부의 부동산 정책에 대해 시시비비를 가리자는 것은 아니다. 반대급부로 당시 농림지역에 투자한 투자자들의 투자 수익에 주목하자는 것이다.

이를 개인주의 사고의 발로라고 지적하는 독자들도 있을 것이다. 하지만 어차피 국가 정책의 시시비비는 행정 및 입안당국자들이 가려야 할 문제일 뿐이고, 개인은 그 정책을 활용해 투자 성공을 할 수 있다면 이는 최선의 투자다. 실패한 정책에 투자해 이익을 거두었다고 불법 투자나 잘못된 투자라고만 할 수 없다.

만약 정책 입안 당시에 준농림지역의 주택건축 허용이 잘못된 정책이었다면 시행할 수 없었을 것이다. 역사는 후세가 심판하듯 정책 오류의 시비는 정책의 결과가 나온 이후이기에 당시 준농림지역 투자는 최선의 부동산 투자 중 하나였을 것으로 생각한다.

이는 지금 시행되는 모든 부동산 정책은 최고·최선의 정책이겠지만 또 시간이 지나 정권이 바뀌게 되면 당시 상황에 맞는 부동산 정책이 시행될 것이다. 어린이가 성장하면 그 몸에 맞는 새로운 옷을 입는 것처럼 정책은 이에 따라 변화할 수밖에 없다. 하지만 어린이가 몸만 커지는 것이지, 아이 자체가 바뀐 것은 아니듯 제도의 기본 골격은 유지하게 된다.

예로, 지금은 준농림지역이 사라졌지만, 현행 토지제도 아래에서도 비슷한 용도지역이 존재한다. 용도지역 중 계획관리지역이 이에 해당한다. 비록 관리지역이 종래의 준농림지역처럼 개발이 대폭 허용되지는 않지만, 도시지역으로 편입이 예상되는 지역에 지정되므로 인기식당의 번호표를 받고 입장을 기다리는 것과 같다고 할 수 있다.

만물의 영장이라고 자만하는 인간에게 병이 생기면 이를 치료하기 위해 한약과 양약이라는 두 가지 처방이 있다. 양약은 그 병을 직접 겨냥해 독으로 치료하는 직접적인 방법이고, 한약은 병을 이길 수 있도록 주변을 보양시켜 이기도록 함으로써 그 병을 간접적으로 치유하는 방법이란 말을 들은 적이 있다.

부동산 투자도 이와 마찬가지다. 자신이 스스로 투자 물건을 선별해 투자하는 양약과 같이 직접적인 방법도 있지만, 한약과 같은 간접적인 투자 방법도 있다고 생각한다.

우리의 삶이 서구식 생활과 습관으로 감에 따라 모든 일에 즉각적인 효과가 나타나길 기대하지만, 병에 따라서는 한약이 더 큰 효과가 있듯이, 때에 따라서는 간접적인 투자 방법도 효과를 발휘할 수 있으므로 이를 모두 적절히 이용할 수 있다면 성공 투자에 한 발짝 다가설 수 있을 것으로 본다.

본서에서는 한약 처방과 같이 주변을 통해 투자하는 경매를 살펴보고자 한다. 본서의 저술 목적인 토지보상경매 실전 투자 활용을 위해 언론 기사를 발췌해 사례를 선별하고 이를 해설하는 방법으로 저술했다. 성공 투자의 네비게이역할을 하는 도시계획시설 및 그린벨트에 대해 쉽게 접근하도록 하는 부동산공법 투자서가 되도록 노력했으니 독자들의 성원과 격려를 부탁드린다.

본서가 독으로 사용된다면 좋지 않은 결과를 받을 것이지만 약으로 사용되었다면 그 결과는 굳이 말하지 않아도 알 것이다. 모든 독자들에게 부디 약으로만 작용하길 바란다.

—
7훈
두부 난민

아직도 완전히 해결된 문제는 아니지만 2015년 터키 해안에 시신이 되어 밀려왔던 꼬마 쿠르디로 전 세계가 시리아 난민 문제로 시끄러웠던 적이 있었다.

비록 전쟁으로 인한 난민은 아니지만, 우리나라에도 두부 난민이라는 사람들이 있는데 독자들은 그 말을 들어보았는지 모르겠다. 지금부터 그들의 이야기를 시작해보겠다.

필자의 집사람은 노년에 전원생활을 원한다. 하지만 필자는 자연인으로의 생활을 꿈꾸지 않는다. 도시에서 태어나 단 한 번도 농어촌지역에 거주한 경험이 없어 그 생활이 두렵기 때문이다.

가끔 지리산 인근에 위치한 경남 산청에 사는 인척 집에 가게 되면 대한민국의 공기가 이렇게 다를 수도 있음을 느끼고 괜히 건강해지는 것 같기도 하고 백 년 장수할 것 같은 기운이 온몸을 휘감는다. 하지만 젊어서인지 철이 없어서인지 정착하고 싶다는 생각까지는 들지 않는다.

반면 단 며칠간의 지리산 인근의 전원생활이지만 집사람은 아주 즐거워했고, 주변의 지인 중에도 은퇴 후 농어촌지역에서 전원생활을 꿈꾸는 분들이 많다.

요즘은 뜸해졌지만, 예전에는 재테크강좌의 단골메뉴로 전원주택지 투자가 유행이던 때가 있었다. 필자의 지인 중에도 분양형 전원주택을 매입하거나 임야나 농지를 매입해 형질 변경 후 알프스 그림엽서에나 나올법한 주택을 지어 거주한 경우가 있다. 그러나 전원생활을 하던 분들의 지금 생활을 보면 상당수가 도시지역에 주택을 다시 매입해서 두 집 생활(?)을 하거나 아예 전원주택을 처분해버리고 다시 역귀성해 생활하는 분들이 많다. 이들의 한결같은 이야기는 생활이 불편하다는 것이다.

바로 위에서 이야기한 두부 난민은 바로 이들과 같이 전원주택을 매입해서 노년을 보내려는 분들을 지칭하는 말이다. 거주지역의 기반시설과 생활시설 부족으로 두부 한 모만 사려고 해도 차로 10분 이상을 이동해야 하는 실정을 빗댄 말이다.

전원주택 생활을 택한 당시, 대다수는 저 푸른 초원 위에 그림 같은 집을 짓고 사랑하는 님과 함께 한 백 년 살고 싶은 마음에 동경하던 생활을 시작하게 된다.

드라마에서나 나올 것 같던 그림 같은 집에 푸른 잔디가 깔린 마당에서 불고기 바비큐와 흔들의자에서 와인을 마시며 뛰노는 아들, 손자, 며느리의 모습을 바라보며 전원생활의 큰 행복을 느끼게 된다. 또한, 이주 정착 후 집들이라도 하게 되면 방문한 지인들은 누구나 매일 힐링하며 살아갈 것 같은 집주인 부부를 모두 부러워하고,

이 부부 또한 전원생활에 따른 공기의 질이 다름을 자랑하게 된다.

그러나 이 생활은 잠깐뿐이다. 밤이 되면 군용 워커도 뚫는다는 산 모기들이 극성인지라 방 창문마다 파란색 모기장을 쳐야 하고 도시라면 집 앞 음식물 처리기에 버리기만 하면 되는 남은 음식물 처리 역시 번거로워진다. 산 짐승이라도 올까 봐 두려워 집 밖 멀리에 구덩이를 파고 묻어야 하는 번거로움을 감수해야 한다.

집 앞 슈퍼에만 가면 있던 싱싱한 농수산물은 전원생활로 직접 길러야 하기에 어느덧 집 마당의 잔디는 상추와 대파, 고추가 자라는 텃밭이 되고, 계절이 바뀌어 가을이 되면 겨우살이 대비에 창문은 난방을 위한 투명비닐로 덧붙여지고 화목보일러를 위해 마련된 장작은 테라스의 한쪽을 점령한다. 전원주택이 농가주택으로 변모해가는 과정이다.

여기에 한 달에 한 번 찾아오던 아들, 손자, 며느리는 일이 바쁘다거나 피곤하다는 핑계로 찾아오던 빈도가 더디어진다. 보고 싶은 손자, 손녀는 사진으로만 보게 되게 되고 자주 놀러 와 폐해를 끼치겠다던 지인들도 집들이 이후에는 얼굴 한 번 보기조차 힘들다.

이외 별다른 소일거리가 없어 심심풀이로 시작했던 작물농사는 매일 나가 퇴비 주고 작물 손질해야 하는 시간이 늘어 반 농부가 되게 한다. 거기에 나이가 들어감에 잔병치레가 늘어 병원을 가려 해도 지역의 의료시설이 부족한 탓에 인근 대도시지역까지 가야 하는 등 질 좋은 공기를 얻는 대가에 비해 촌노村老로 전락해가는 자신의 판단을 후회하게 된다.

이는 결국 전원생활을 포기하고 다시 귀성하게 만든다. 무식한 비유로 하자면 전원생활이라는 유행병에 걸린 탓이다.

물론 전원생활에 완벽 적응해 행복한 자연생활을 영위하는 분들도 많이 있다.

전원생활에 안착한 분들은 철저한 준비의 예방주사를 맞거나, 고향이라는 백신이 있어 이를 극복했지만 실패한 분들은 이를 무시하고 유행만을 따랐기에 감염이 되는 결과를 낳은 것이다.

이런 유행은 지금도 주제와 대상만 바뀌어서 진행 중이다. 언제부터인가 역세권이 부동산의 화두로 등장하였지만 근래 들어서 인기 지역의 부동산 광고에는 숲세권·공세권이란 신조어가 등장한다. 그리고 이런 지역을 배경으로 하는 아파트 분양은 높은 청약률을 기록하고 심지어 수천만 원을 호가하는 프리미엄이 형성되고 있다.

사견이지만 차후 부동산 패러다임은 자연과 조화가 잘 이루어진 주택이 인기를 얻을 것이다. 본서의 서술 주제인 장기 미집행 도시계획시설 중 도시공원 민간특례사업이 유행될 것으로 보인다.

국토부가 도시공원부지에서 개발행위 특례에 관한 지침 일부 개정안을 행정예고함에 따라 정부의 적극적인 의지가 확인된 만큼 지금까지 지자체들은 특혜시비 등을 우려해 장기 미집행 도시계획시설 일몰 기간이 다가옴에도 불구하고 민간공원 특례사업에 소극적으로 대처한 경향이 있었다. 하지만 이제는 장기 미집행 도시계획시설 중 근린공원 등을 이용한 민간공원 개발이 속도를 내고 있고, 건설사만이 아니라 개인 투자자들도 공원 투자에 많은 관심을 보이고 있다. 또한 필자가 개최하는 민간공원 특례사업과 그린벨트 해제를 이용한 토지보상경매교육에 참여율도 높다.

전작인 《토지보상경매 실전활용》 첫 장부터 개나 소나 NPL이란 충격적인 제목으로 그 위험성에 대해 일부 저술하기는 했지만, 시장

엔 예방주사를 맞지 않은 투자자들이 내성도 없이 유행을 따라가는 투자를 하는 경우들이 많다.

장기 미집행 도시계획시설 일몰 토지 투자가 유행될 것은 불 보듯 빤한 일이지만, 이 책을 읽는 독자들은 부디 유행을 따라가는 투자가 아니라 유행을 이용하는 현명한 투자자가 되기를 권한다.

20세기 초 이탈리아에 한 청년이 있었다. 그에게는 독특한 버릇이 있었는데 그것은 바로 '동전 던지기'였다. 고민이 되는 상황마다 그는 동전 던지기를 했다.

한 때, 그에겐 두 가지 선택의 길이 있었다. 파리의 적십자사로 전근을 갈 것인지, 디자이너 가게에서 일할 것인지에 대한 고민이었다.

그는 동전 앞면이 나오면 디자이너 가게로, 동전 뒷면이 나오면 적십자사로 전근을 가기로 마음먹었다. 결과는 앞면이 나와 디자이너 가게로 가게 되었다.

이렇게 해서 그는 패션계에 발을 들이게 되었고 재능을 인정받아 당대 최고의 디자이너 디오르 밑에서 일을 하게 되었다. 하지만 디오르가 죽고 후계자로 지명된 그는 또다시 동전을 던진다.

회사에 남아 디오르의 뒤를 이을 것인가? 자신의 이름으로 된 가게를 낼 것인가? 결국, 독립을 택한 그는 자신의 이름을 내건 브랜드를 만들었고, 우리는 그 브랜드를 '피에르 가르뎅'이라 부른다.

한 기자가 그에게 말했다.

"운이 정말 좋으시네요. 동전을 던져서 좋은 선택을 할 수 있었으니까요."

그러자 그는 말했다.

"동전 던지기가 좋은 선택을 하도록 한 게 아닙니다. 어떤 선택이든 일단 결정한 후엔 믿음을 갖고 밀고 나갔기 때문입니다."

살아가며 마주하는 많은 선택 앞에서 우리는 고민한다.

무엇이 더 옳은 선택인지를 알기 위해서, 혹은 나보다 앞선 사람들의 조언을 주의 깊게 들어보기도 했지만 가장 중요한 것은 선택 후의 '믿음'과 '행동'이다.

부동산 투자 역시 결정과 믿음, 선택이 중요하다.

9훈
벨트 풀린 그린벨트

작년 필자의 핸드폰을 못살게 굴던 스팸 전화 중 상당수는 유명 금융사 이름을 비슷하게 도용한 대부업체들이 독보적이었지만 하반기부터는 그린벨트 내 토지매수를 권유하는 소위 기획부동산이 차순위를 차지했고 그 뒤로 분양업체가 세 번째로 자리했다.

필자가 토지보상경매 강의로 부동산 밥을 먹고 사는 탓에 시장 돌아가는 파악을 위한 위장상담으로 이것저것 묻다 보면 어느 순간 필자의 번호는 기획업체의 공중전화번호부가 되어버린다. 그로 인해 그린벨트가 해제되는 것만으로 땅값이 두 배 이상 뛰어 시세차익을 얻을 수 있는 좋은 땅이 있어 소개해드린다는 멘트의 전국 토지매수를 권하는 스팸 전화로 몸살을 앓고 있다.

기획부동산에 대해 편향된 인식을 가진 것은 아니지만, 주변의 수강생들이나 지인들이 소개받은 땅에 대해 문의를 받아 확인해보면 대부분 개발제한구역이나 관리지역의 토지인 경우가 많았다. 필자에게 걸려온 토지매수 권유전화 역시 이 범주를 벗어나지 못하는 것을 보면 기획분양사들의 양심에 의구심을 갖게 한다.

가끔 혹시나 하는 마음으로 투자 가치를 확인해보면 9할 이상은 가능성이 낮은, 그야말로 그냥 그 동네 땅 주인만 되는 토지들이었다. 결국은 역시 명불허전(?)임을 실감하게 되었다.

하지만 또 간혹 기획토지이긴 하지만 개발 가능성이 보이는 토지들도 있고 주변 지인 중에도 이런 기획토지를 매수해 나름 짭짤한 재미를 체험한 경우도 있는 것을 보면 전문기획이 모두 사짜들만은 아닌 듯도 하다.

그렇다면 부쩍 많아진 그린벨트 매수는 어떻게 봐야 할까?

매수 권유 대상 토지를 보면 대다수 수도권을 중심으로 하는 그린벨트 내 토지로, 주로 토지거래허가구역에서 풀린 그린벨트 내 임야가 그 대상이다. 기획업체가 임야를 매수한 후 분할해 분양 매각하는 토지다.

분양 방법으로 기획분양사가 직접 마케터를 통해 매각하는 경우가 대다수다. 분양매각과 지분매각 방법이 이용되는데 간혹 토지주가 직접 분양 매각하는 경우도 있지만, 분양 마케터가 일정 면적을 사전 분양 받아 토지주가 되어 이를 재분양하는 방법이 이용되기도 한다.

매수 권유를 하는 그린벨트를 보면 가분할한 다음 매각하게 된다. 모든 필지 매각이 완료된 후 분할등기가 진행되지 않고 공동소유로 남게 되는 경우가 많고 이후 내홍을 겪는 경우도 많다.

그린벨트가 면적비중이 70%가 넘는 경기도 과천·하남·의왕·고양·남양주시 등의 지역인 경우가 많고 분할토지는 통상 330~3,300㎡

로 가분할 후 분양하기도 하고 유혹하기 쉽게 분양가도 3.3㎡당 20만~100만 원으로 소액 투자를 할 수 있도록 기획하기도 한다.

부동산의 기획분양 마케터의 그럴듯한 말만 믿고 투자를 하는 투자자들이 있는데 이런 기획에 속아 매수하게 되는 이유는 대부분 주변 지인이 분양 마케터인 경우가 많다.

이런 분양토지는 지인의 권고만 믿지 말고 매수 이전에 인근의 중개사무실에서 간단한 자문만 받아도 허황된 말에 속아 땅 치고 후회할 일은 없을 것이다. 설마로 시작해 혹시나로 이어지고 역시나로 결론을 맺게 된다.

초보 부동산 투자자들은 개발제한구역에서 풀리기만 한다면 곧바로 개발할 수 있어 대박날 것으로 오해하는 경우가 많다. 개발 가능성이 높은 토지는 그린벨트 해제 이후 토지거래허가구역으로 묶이거나 이외 각종 제한으로 인해 장기간 투자금이 묶일 수 있으므로 유의해야 한다.

더욱 지분매입인 경우에는 조심해야 한다. 사람이 많으면 배가 산으로 가고 셋만 모이면 접시가 깨진다는 말이 있듯이, 기획으로 이합집산된 투자자들이 일심동체는 기대할 수 없고 그 종착지들을 보면 법원 앞인 경우가 많다.

여러분들은 기획 투자보다는 획기적 투자를 하길 바란다.

—
10훈
자기반성
—

독자나 강의를 듣는 많은 수강생이 필자의 투자 성공확률은 어느 정도인지, 어디에 주로 투자하는지를 궁금해한다. 그리고 많은 이들은 필자가 부동산 투자로 상당한 수익을 거두었을 것으로 짐작한다. 하지만 고백건대 독자들이 기대하는 만큼의 수익과 수익률을 올리지 못했고 그럭저럭 손실 없는 정도에 만족하고 있을 뿐이다.

이를 굳이 변명하자면 부동산 업종에서는 부동산 전문가와 부동산 성공 투자자를 동일시하지만, 부동산 전문가라해서 반드시 성공 투자자일 수만은 없고 필자는 비록 어설프긴 해도 부동산 전문가에 가깝다고 생각하기 때문이다.

시중 재테크 도서 중에는 자신만의 투자 비법으로 수십억 원에서 수백억 원을 벌었고 자신처럼 따라 하면 돈방석에 올라갈 수 있음을 말하는 저자도 많이 있다. 하지만 그들처럼 부동산 투자로 수십억 원을 벌어본 적이 없는터라 나를 따르라고 하기엔 부족함이 많아 부동산 전문가라는 과대포장을 하는지도 모르겠다.

부동산 전문가와 부동산 성공 투자자가 다르다고 말하는 것은 어불성설語不成說처럼 보일지도 모른다. 하지만 반세기를 살아본 결과, 돈 버는 일과 지식이 항상 비례하는 것이 아니라는 것을 알게 되었고 의도와 다르게 지식을 팔아 돈 버는 부동산 전문가의 길로 들어서게 되었다. 그러나 필자도 구도자가 아닌 중생이기에 금전에 관심이 없을 수 없고 배운 것이 도둑질이라고 지금까지 배운 부동산으로 남지는 않아도 어디까지가 부족인지 모르는 부족하지 않은 부(?)를 축적해보고자 그 길을 바꾸려 노력했다.

그런 노력에도 체질까지는 개선하지 못했는지 아직도 공부에 매진하는 경향이 있고 그때마다 부족함을 느끼게 되어 또다시 학습하는 자신을 발견하고는 결국 성공한 투자자를 만드는 부동산 전문가가 되기로 스스로 타협하게 되었다.

이후 성공한 투자자를 만들기 위해서 학습이 우선인지 투자가 우선인지를 고민하게 되었고 전문가 입장에서 내린 결론은 기본 학습이 선행되어야 성공 투자 확률이 있음을 얻게 되었다.

그러나 투자자 입장에서는 학습보다는 투자가 선행되기를 원하므로 논리상 학습과 투자의 우선순위는 충돌하게 된다. 그로 인해 닭이 먼저인지 달걀이 먼저인지에 대한 고민만 남게 되는데 이 같은 이야기 파라독스는 해답이 없으므로 필자가 고집하는 바대로 선先 학습 후後 투자를 이끌어 나설 수밖에 없음을 양해하기 바란다.

이를 돕기 위해 건전한 재테크 문화를 만들어보자는 취지로 지식 나눔을 실천하기 위해 한국자산관리방송을 개국했고, 제작된 동영상콘텐츠는 전부 무료로 공개하고 있다.

그러나 동영상콘텐츠만으로는 그 한계를 느끼고 교육청의 인가를 받아 평생 교육시설을 서초동에 개원해 필자의 욕심을 채우고 있다.

본서에 지면을 할애해 한국자산관리방송의 동영상시청 방법을 소개하므로 독자들에게 도움이 되길 바란다.

Ⓦ 유료 프로그램 안내

- 프로그램명 : 정진용의 정보마당
- 내용 : 부동산만이 아니라 금융 등도 포함해 효율적 자산관리에 필요한 개발정보·투자정보·물건정보 등의 정보를 제공하는 프로그램
- 시청금액 : 1만 원
- 시청기간 : 신청일부터 1년
- 시청방법 : 한국자산관리방송 홈페이지

한국자산관리방송

한국자산관리방송은 올바른 재테크 문화를 선도하기 위해 지식나눔을 실천하고 신속·정확한 자산관리정보를 제공하고자 부동산 등 재테크와 관련된 각 부문의 전문가들이 전문위원으로 참여해 설립했다.

한국자산관리방송은 현재 재테크 등 자산관리 관련 강좌 및 정보를 제공하기 위해 동영상콘텐츠를 직접 제작하고 www.krtv.co.kr를 통해 전 과정 무료로 제공하고 있으며 업무협력업체에게도 무상으로 제공할 예정이다. 콘텐츠 제공계약을 맺고 있는 스피드옥션 등을 비롯한 부동산 전문단체 및 기관에 무상제공되고 있으며 대한민국 최대의 성인 재교육을 목표로 하고 있다.

또한, 실무교육을 보충·강화하기 위해 2016년 6월 교육청인가를 받아 서초동에 부동산아카데미를 운영하고 있는데, 현재 토지보상 등 각종 부동산교육을 지식나눔과정을 실시 중이다. 재테크 교육만이 아니라 펀드투자권유대행인 등 성인 재교육 및 취업, 창업을 위한 각종 강좌 등을 개설하고 있다.

한국자산관리방송 제공 동영상 무료시청 방법

1. 네이버 검색창에 한국자산관리방송을 입력합니다.

2. 한국자산관리방송 홈페이지에 접속합니다.
3. 회원가입을 합니다.
4. 홈페이지에 있는 동영상을 시청하면 됩니다.

PART 2

투자를 위한 기초체력 다지기

도시기본계획

기본基本의 한문 풀이는 기초와 근본으로 인간에게도 기본이란 것이 있어 이를 지킬 수 있어야 사람된 도리를 할 수 있다는 뜻이다.

하물며 모든 국민의 삶의 터전이며 후세에 물려줄 민족의 자산인 신성한 국토를 개발하면서 그 기본도 없이 마구잡이로 개발한다면 후세에 부끄러운 선조로 남을 뿐이다. 국토에 관한 계획 및 정책은 개발과 환경의 조화를 바탕으로 국토를 균형 있게 발전시키고 국가의 경쟁력을 높이며 국민의 삶의 질을 개선함으로써 국토의 지속가능한 발전을 도모할 수 있도록 수립·집행해야 한다. 국토계획에는 다음과 같은 계획이 있다.

▷ **국토종합계획**

국토 전역을 대상으로 국토의 장기적인 발전 방향을 제시하는
종합계획

▷ **도종합계획**

도의 관할구역을 대상으로 당해 지역의 장기적인 발전 방향을
제시하는 종합계획

▷ **시군종합계획**

특별시·광역시·시 또는 군(광역시의 군을 제외한다)의 관할구역을
대상으로 당해 지역의 기본적인 공간구조와 장기발전 방향을 제
시하고, 토지이용·교통·환경·안전·산업·정보통신·보건·후생·
문화 등에 관해 수립하는 계획으로 국토의 계획 및 이용에 관한
법률에 따라 수립되는 도시계획

▷ **지역계획**

특정한 지역을 대상으로 특별한 정책 목적을 달성하기 위해 수
립하는 계획

▷ **부문별 계획**

국토 전역을 대상으로 특정 부문에 대한 장기적인 발전 방향을
제시하는 계획

이와 같은 국토계획을 바탕으로 국가와 지방자치단체는 각 지역이 특성에 따라 개성 있게 발전하고, 자립적인 경쟁력을 갖추도록 함으로써 모든 국민이 안정되고 편리한 삶을 누릴 수 있는 국토 여건을 조성하는 계획들을 수립해야 한다. 그 계획에는 국토기본법, 국토의 계획 및 이용에 관한 법률 등에 따라 각종 계획을 수립하도록 하고 있다.

국토의 이용 및 계획에 관한 법률(이하 국토계획법)에서는 철 밥그릇 공무원에게 도시·군 기본계획(이하 도시기본계획)을 수립하도록 엄명하고 있다. 특별시·광역시·특별자치시·특별자치도·시 또는 군의 관할구역에 대해 기본적인 공간구조와 장기발전 방향을 제시하는 종합계획으로 도시관리계획 수립의 지침이 되는 계획을 수립하도록 하고 있다.

도시기본계획은 법정계획으로 계획 내용이 물적 측면뿐만 아니라 인구·산업·사회개발·재정 등 사회경제적 측면을 포괄하는 종합계획이다. 상위계획인 국토종합계획·광역도시계획의 내용을 수용해서 도시가 지향해야 할 바람직한 미래상을 제시하고, 장기적인 발전방향을 제시하는 종합계획이다. 따라서 도시기본계획은 시·군 행정의 바탕이 되는 주요 지표와 토지의 개발·보전, 기반시설의 확충 및 효율적인 도시관리 전략을 제시해 하위계획인 도시관리계획 등 관련 계획의 기본이 되는 전략계획으로 볼 수 있다.

초보자 입장에서는 위의 내용이 흰 말이든 검은 말이든 모두 말일 뿐으로 이 말이 그 말 같고 그 말이 이말 같아 보이겠지만, 국토계획을 수립하는 국토계획 부서에 근무하는 공무원 입장에서는 업무를 지시하는 법률규정이다.

이는 지방자치단체가 해당 지역의 장기·종합적인 개발계획을 준비하되 밑바탕이 되는 도시기본계획이라는 이름의 계획을 세우라는 내용이다. 책으로 비유하자면 목차와 같은 역할이고, 그림에 비유한다면 스케치를 위한 구도를 잡는 것이라 할 수 있다.

도시기본계획이 초보 투자자 입장에서는 자신과 관련이 없고 공무원들이 하는 뜬구름 잡는 이야기처럼 보이겠지만, 현명한 투자자는 도시기본계획의 개략적인 장기발전계획을 통해 투자 지역을 축소 선정하게 된다.

도시기본계획은 특별시장·광역시장·시장·군수(광역시 안에 있는 군은 제외)가 관할구역에 대해 계획수립 시점에서 20년을 기준으로 수립하고 연도의 끝자리는 0년 또는 5년으로 해야 한다.

부동산에 조금이라도 관심이 있는 독자라면 2020계획이니 2030계획이니 하는 말을 들어보았을 것이다. 바로 이 계획이 도시기본계획이다. 인터넷에서 독자들이 거주하거나 투자 관심 있는 투자자라면 지방자치단체의 홈페이지에서 도시기본계획을 검색하면 누구나 볼 수 있으니 다운로드해서 어떤 내용들이 열거되어 있는지 차분히 열어보기 바란다.

독자들이 열어본 도시기본계획은 관할지역에 관해 부문별로 밑그림인 구도가 잡혀 있을 것이다. 독자들이 보기에는 포괄적이고 개략적인 계획내용들로 이루어져 있기는 하지만 관심 있게 살펴본다면 지방자치단체의 미래개발계획 및 방향을 미루어 짐작할 수 있다.

도시기본계획은 국가계획이나 광역도시계획을 반영해 수립하도록 하고 있어 부동산 투자자들에게는 일종의 보물 지도와 같은 역할을 하게 되지만 독도법을 모른다면 그냥 종이쪼가리에 지나지 않을 뿐이다.

　도시기본계획 중 독자들이 좀 더 관심을 두고 보아야 하는 계획으로는 부문별 계획 중 토지이용계획, 기반시설에 대한 계획, 도시 및 주거환경정비 계획 등에 대한 부문이다. 해당 지자체의 개발사업 이외에 기본계획의 내용을 잘 살펴본다면 대규모 개발사업도 가늠할 수 있는 실마리가 된다.

　도시기본계획은 계획수립 시점에서 20년을 기준으로 하되 연동의 끝자리는 5년으로 한다. 시장·군수는 5년마다 도시기본계획의 타당성을 전반적으로 수립해서 이를 정비하고 일부 조정이 필요한 경우에는 이를 변경할 수 있다.

　도시기본계획을 통해 본서에서 주요 투자 대상으로 기술하는 도시계획시설의 근린공원에 관해 지자체의 추진방향에 대한 기본정보를 얻을 수 있다. 예를 들어 서울시의 경우 도시기본계획에 의한 장기 미집행 도시공원에 관한 내용을 보면 장기 미집행 도시공원의 실효에 대비해 공원별로 단계적이며 종합적인 관리방안을 마련하도록 한다. 미집행 도시공원은 한정된 예산의 효율적 집행을 위해 공원별로 공원의 활용성이 높은 토지를 우선 보상하고 공원의 기능 제고를 위해 면적으로 연계되도록 보상함을 밝히고 있다. 보상이 어려운 미집행 공원부지에 대해서는 도시 계획적인 방안과 비재정적인 방안을 마련하고 시민·기업·시민단체 등의 기부와 참여를 독려할 민관 협력방안을 마련토록 한다고 밝히고 있다. 이외 공원에 투자하려는 투자자들이 관심을 두어야 할 부분은 도시자연공원은 도시자연공원 구역으로 전환을 적극적으로 검토하고 개발제한구역 등 중복규제지역은 공원기능을 유지할 방안을 마련한 후 공원 해제 여부를 신중하게 검토한다고 밝히고 있다는 점이다.

이외에도 인천시 도시기본계획의 경우, 현재 공원지정 후 장기 미집행공원은 12개로 부족한 도시재정 해소 및 지역주민의 민원해소를 위해서 민간자본을 투입해 공원 일부를 개발하겠다는 향후 개발방향을 읽을 수 있다.

이외에도 도시기본계획을 통해 지자체의 각종 개발계획 및 사업 취소 등을 엿볼 수 있어 부동산 투자자에게는 투자를 위한 기본적인 참고자료로써 나침반 역할을 한다.

도시기본계획에는 다음의 부문별 내용을 포함하고 있다.

Point

▷ 지역의 특성과 현황

▷ 계획의 목표와 지표의 설정(계획의 방향, 목표, 지표 설정)

▷ 공간구조의 설정(개발축·녹지축의 설정, 생활권의 설정 및 인구 배분)

▷ 토지이용계획(토지의 수요예측 및 용도 배분)

▷ 기반시설(교통, 물류체계, 정보통신, 기타 기반시설계획 등)

▷ 도심 및 주거환경

▷ 환경의 보전과 관리

▷ 공원·녹지

▷ 방재·안전 및 범죄예방

▷ 경제·산업·안전·문화의 개발 및 진흥(고용 산업 복지 등)

▷ 계획의 실행(재정·확충 및 재원 조달, 단계별 추진전략)

【참고 1】 국토공간계획의 체계

공간적 범역	해당법	계획의 종류	
국토·지역	국토기본법	국토종합계획	시군종합계획
			지역계획
		도시종합계획	부문별 계획
	수도권정비계획법	수도권 정비계획	
		소관별 추진계획	
도시·단지	국토의 계획 및 이용에 관한 법률	광역도시계획	
		도시계획 / 도시기본계획	용도지역·용도지구계획
			계발제한구역·시가화조정구역·수자원보호구역 계획
		도시관리계획	기반시설계획
			지구단위계획
	도시개발법		도시개발사업계획
	도시 및 주거환경 정비법		정비사업계획
개별 건축물	건축법	건축계획	

【참고 2】도시기본계획 수립 절차

기초조사	▶	기본계획안 수립	▶	공청회 개최	▶	지방의회 의견청취
(시장·군수)		(시장·군수)		(시장·군수)		(시장·군수)

시·군도시계획 위원회 자문	▶	승인 신청	▶	관계 행정기관 협의	▶	도시계획 위원회 심의
(시장·군수)		(시장·군수)		(도지사)		(도지사)

승 인	▶	주민 공람
(도지사)		(시장·군수)

【참고 3】 도시기본계획 수립 시·군

시·도별	도시수	시 급	군 급
특별시 광역시	7	서울특별시, 부산광역시, 대구광역시, 인천광역시, 광주광역시, 대전광역시, 울산광역시(7)	
경기도	31	수원시, 성남시, 의정부시, 안양시, 부천시, 광명시, 평택시, 동두천시, 안산시, 고양시, 과천시, 구리시, 남양주시, 오산시, 시흥시, 군포시, 의왕시, 하남시, 용인시, 파주시, 이천시, 안성시, 김포시, 화성시, 광주시, 양주시, 포천시(27)	여주군, 연천군, 가평군, 양평군(4)
강원도	18	춘천시, 원주시, 강릉시, 동해시, 태백시, 속초시, 삼척시(7)	홍천군, 횡성군, 영월군, 평창군, 정선군, 철원군, 화천군, 양구군, 인제군, 고성군, 양양군(11)
충북	12	청주시, 충주시, 제천시(3)	청원군, 보은군, 영동군, 괴산군, 단양군, 증평군, 옥천군, 음성군, 진천군(9)
충남	13	천안시, 공주시, 보령시, 아산시, 서산시, 논산시, 계룡시, 당진시(8)	금산군, 서천군, 홍성군, 예산군(4)
전북	8	전주시, 군산시, 익산시, 정읍시, 남원시, 김제시(6)	무주군, 고창군(2)
전남	12	목포시, 여수시, 순천시, 나주시, 광양시(5)	담양군, 화순군, 해남군, 영암군, 무안군, 함평군, 장성군(7)
경북	16	포항시, 경주시, 김천시, 안동시, 구미시, 영주시, 영천시, 상주시, 문경시, 경산시(10)	군위군, 청도군, 고령군, 성주군, 칠곡군, 예천군, 울릉군(7)
경남	12	창원시, 진해시, 통영시, 사천시, 김해시, 밀양시, 거제시, 양산시(8)	창녕군, 남해군, 합천군, 거창군, 하동군(5)
세종	1	세종시	
제주도	2	제주시, 서귀포시(2)	

2014.12월 말 현재

【참고 4】인천광역시 2030 도시기본계획(공원 관련)

| 중점전략 | **민간공원을 통한 공원 활성화**

장기 미집행 도시공원 해소 및 활성화 방안 일원

- 현재 공원 지정 후 장기 미집행 공원은 12개 공원(특례사업 가능 공원)
- 인천광역시 공원 전체의 약 8%인 4.1㎢ 공원 지정 후 미조성
- 민간공원 특례사업 추진시 주변 지역의 스카이라인과 공원 내 산지에 대한 통경축을 고려한 계획 수립을 통해 무분별한 경관 훼손 최소화 및 자연요소와의 조화로운 경관 형성 유도

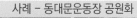

사례 - 동대문운동장 공원화

오토캠핑장으로 여가공간 조성

부족한 도시재정 해결 및 지역주민의 민원 해소

- 부족한 도시재정 해결을 위한 민간자본 투입
- 공원 일부의 개발사업시행으로 지역주민의 민원 해소(재산권 확보)

| 공원 일몰제 – 장기 미집행시설 | 부족한 도시재정 해결 | 도시공원의 신속한 조성 | 지역주민의 민원해소 |

▼

공원 조성 70% + 개발사업 30%

| 사람이 행복한 과학도시 '대전' | **2030년 대전도시기본계획**

공원·녹지계획

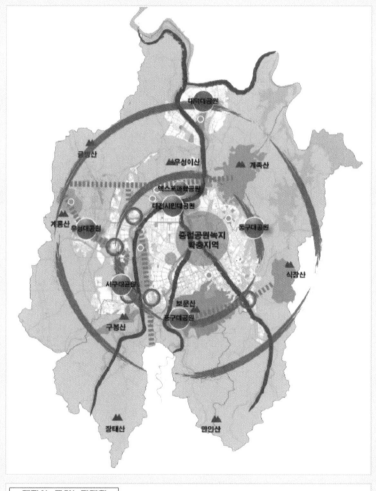

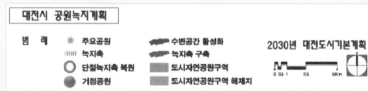

도시관리계획

"교수님, 어떤 토지에 투자하는 것이 좋을까요?"

이는 토지에 관심 있는 투자자들이 하는 대표적 질문으로, 필자가 보기에는 사랑하는 사람에게 얼마나 사랑하느냐를 물어보는 것과 마찬가지인 질문으로 보인다. 그렇지만 사랑을 확인하고픈 사람은 그 답을 듣기를 원하기에 하늘만큼 땅만큼 사랑한다는 답을 하게 되듯 이 역시 상투적인 답변밖에 할 수 없다.

"가치 상승이 될 수 있는 토지가 제일 좋은 토지겠죠."

"그러면 어떤 토지가 가치 상승을 할 수 있는 토지인가요?"

"지금은 용도상 규제사항이 많지만, 앞으로 규제가 낮아질 토지가 가치 상승이 예상된 토지라고 할 수 있겠죠. 예를 들면 그린벨트가 해제되는 토지처럼 업조닝up-zoning이 된다면 가치가 올라가니까 좋은 토지가 되겠죠. 아니면 앞으로 지정이 예상, 예정되는 토지가 가치 상승을 기대할 수 있기도 한데, 예를 들면 요즘 정부의 각종 혜택이 많은 가로주택정비 구역지정을 받은 토지라고 할 수 있겠죠."

"그러니까 토지이용계획에 나오는 지역·지구에 관한 이해가 있어야 하겠죠. 그래야만 어떤 지정계획이 있을 때 업조닝이 될 것인지 파악해서 투자를 결정할 수 있을 것 아니겠습니까?"

"한마디로 드라마의 악당이 누구인지, 정의의 사도가 누구인지를 가려낼 줄 알아야 되겠지요."

수강생들은 강사가 돗자리 깔고 콕 찍어주는 구체적인 답변을 듣고 싶건만 들리는 답변이라곤 삼척동자가 하는 빤한 답만 들리는 통에 맥이 빠질 것이다. 그래도 혹시나 하는 생각에 또 하나의 질문이 날아온다.

"그런 토지는 어떻게 알 수 있나요?"

"아주 간단합니다."

간단하다는 필자의 한마디에 수강생들의 눈이 떠지고 귀가 뚫리고 입이 벌어진다. 의외로 간단하고 쉬운 방법이 있는데 그 계획을 알면 된다.

"지방자치단체의 도시계획은 선계획 후개발이 원칙으로, 계획은 반드시 고시나 공람 등의 의무를 수반하고 있고 이는 법률에 규정되어 있어서 이를 위반하면 그 계획은 효력이 없습니다. 이런 계획을 보면 그런 토지를 알 수 있습니다."

"어떤 계획이 그런 내용을 담고 있나요?"

"국토종합계획·광역도시계획·도시기본계획·도시관리계획 등에서 다양한 계획이 수립되지만 적어도 구체화되는 도시관리계획만 보아도 그런 정보를 알 수 있게 됩니다."

대표적으로 독자들이 체감하기 쉬운 계획에는 도시기본계획과 도시·군관리 계획(이하 도시관리계획)이 있지만 장기 미집행 도시계획시설 및 그린벨트 해제지역에 투자하는 입장에서 볼 때 도시관리계획의 내용이 투자 활용에 가장 근접한 계획이라고 할 수 있다. 그리고 성공 여부는 도시관리계획을 얼마나 이해하고 활용할 수 있느냐가 그 반을 차지한다고 해도 과언이 아니라고 할 수 있다.

더욱 부동산공법을 활용 시 도시관리계획이 중요시되는 이유는 계획관리지역이 주거지역으로 되는 업조닝up-zoning이 될 것인지, 다운조닝down-zoning이 될 것인지의 여부가 도시관리계획에 의해 결정되는 사항이기 때문이다. 이런 결정 확인을 통해 업조닝이 된다면 투자 대상이 될 것이고 만약 다운조닝이 된다면 투자 회피 대상 토지가 될 것을 결정할 수 있는 초석이 된다.

전술한 것처럼 개발제한구역에 관심이 있어 투자하더라도 개발제한구역의 해제와 같은 업조닝 역시 도시관리계획에 의해 결정되므로 이에 대한 이해가 없는 투자는 어려울 정도가 아니라 불가능하다고 본다. 그런데도 상당수의 투자자는 이에 관심을 두지 않거나, 아예 무시하는 등 토지 투자의 기본토대가 되는 도시계획은 파악하지 않고 투자하려는 경우가 있다. 상당수의 토지 투자가 해당 토지의 용도에 따른 개발행위 여부에 초점을 두고 있어 이에 관한 관심이 적기 때문으로 보인다.

토지경매의 투자 유형은 크게 두 가지로 분류된다. 토지를 낙찰받은 후 형질변경 등 자신이 직접 개발행위를 통해 토지가치를 상승시켜 매각하거나 형질변경에서 더 나아가 목적건축물을 건축하고 분양 등 개발이익을 얻는 적극적 방법과 개발계획이 예정된 토지 즉, 업조닝이 예상되는 토지를 선점해 이후 토지가치의 상승을 얻는 방법으로 크게 구분할 수 있다.

이외 귀농·귀촌을 위해 낙찰받거나 노후를 대비해 귀농생활과 농지연금 등을 동시에 활용하기 위한 경매 목적도 있겠지만, 본서에선 논외로 한다.

우선 첫 번째 경우처럼 형질변경*, 지목변경**, 전용*** 등 토지가치를 상승시켜 수익을 목적으로 하는 때는 개별토지의 가치상승을 위해 개발비용과 노력을 들여야 하므로 손쉽게 토지 투자를 하고자 하는 토지 투자자 입장에서는 쉬운 일이 아니다. 더욱 상당한 비용과 전문 지식만이 아니라 행정청의 신청 및 인·허가 승인과정, 인접지와의 민원문제 등으로 일반토지 투자자의 투자 방법으로 선택하기에는 쉽지 않은 일이다.

그러므로 결국 일반 투자자가 손쉽게 선택할 수 있는 효율적 투자방법은 그린벨트 해제가 되어 공익사업이 예정된 토지를 공·경매등으로 매수하고 보상받는 토지보상경매의 방법을 이용하는 것이다. 혹은 국토계획의 토지이용계획에 따라 토지가 용도 변경되는 업조닝이 예상되는 토지를 매수해 선점하는 방법이 된다.

---

* 토지의 형질변경은 개발행위 중 하나로 경작을 위한 행위 이외의 절토·성토·정지·포장 등의 방법으로 토지의 형상을 변경하는 행위와 공유수면을 매립하는 행위를 말하며 개발행위허가를 받아야 한다.
** 지적공부에 등록된 지목을 다른 지목으로 등록하는 것으로 ① 관계 법령에 따라 토지형질변경 공사가 끝나 준공한 경우 ② 토지나 건축물의 용도를 변경한 경우 ③ 도시개발사업 등을 원활하게 추진하기 위해 사업시행자가 공사 준공 전에 토지합병을 신청하는 경우에 신청한다.
*** 농지, 산지, 초지 등과 같이 특수한 토지를 용도 외로 사용하거나 이를 위해 산지의 형질을 변경하는 것을 말한다.

도시관리계획의 종류

경매 등 부동산 투자에 관심이 많더라도 상당수의 투자자는 도시계획을 행정청의 서류상 계획으로만 치부하고 별다른 관심을 보이지 않는 경우가 많다. 하지만 도시계획이 부동산에 끼치는 파급력은 절대적 위치에 있다.

초보 투자자라면 더더욱 건물에만 관심을 보일 뿐, 토지는 전용면적만 확인하고 지나가곤 한다. 이로 인해 그 건물이 위치한 이유도 토지의 용도에 따라 결정됨을 간과하는 경향이 많다.

더욱 대규모 택지지구 내 신축아파트와 같이 최근에 건축된 건물인 경우라면 용도에 그다지 신경 쓸 일 없이 구조나 근린시설 등에만 신경을 써도 무방하겠지만, 부동산 경매를 아파트만 할 수 없는 노릇이므로 진정한 경매 투자자가 되기 위해선 토지에 더 많은 관심을 기울여야 한다.

또한, 토지 투자를 하는 경우 가치를 상승시키기 위해 노력해야 한다. 그 대표적 방법이 개발행위다. 한 번이라도 해본 투자자라면 토지 용도에 대한 중요성을 인식하지만, 초보 입문자라면 단순히 보유로 인한 상승에 더 많은 관심을 갖게 된다.

그러나 그 상승 가능성조차도 용도에 따라 영향을 받게 되므로 중요성은 두말의 여지가 없다. 하지만 누가 그 용도를 어떻게 결정하는지에 관한 관심은 덜한 편이다. 이런 이상한 심리를 갖게 된 배경은 용도와 가치의 상관관계가 그다지 많지 않으리라고 여기고 있기 때문이다.

앞에서 이야기한 도시기본계획이 장기발전 방향을 제시한 계획이라면 도시관리계획은 도시기본계획에 의한 공간을 구체화하고 실현하는 중기계획이다. 특별시·광역시·특별자치시·특별자치도·시 또는 군의 개발·정비 및 보전을 위해 수립하는 토지이용, 교통, 환경, 경관, 안전, 산업, 정보통신, 보건, 복지, 안보, 문화 등에 대해 10년 단위로 수립하는 법정 계획으로 5년마다 재검토하며(예 2020년, 2025년) 구체적 실현을 위해 다음의 계획을 수립한다.

Point

▷ 용도지역·용도 지구의 지정 및 변경에 관한 계획

▷ 개발제한구역·도시자연공원구역·시가화조정구역·수산자원보 호구역의 지정 및 변경에 관한 계획

▷ 기반시설의 설치·정비 또는 개량에 관한 계획

▷ 도시개발사업이나 정비사업에 관한 계획

▷ 지구단위계획구역의 지정 또는 변경에 관한 계획과 지구단위계획

▷ 입지규제 최소구역의 지정 또는 변경에 관한 계획과 입지규제 최소구역계획

중개 자격시험이라면 도시관리계획의 입안자인 특별시장, 광역시장, 특별자치도지사·시장, 군수가 중요하고 주민도 입안제안자가 될 수 있다. 처리 결과 통보 의무가 중요한 사항이겠지만, 장기 미집행시설이나 그린벨트에 투자하는 관점에서는 도시관리계획을 통해 어떤 개발정보를 얻을 수 있는지 무엇을 판단해야 하는지 등이 더 중요하다.

본서는 개발제한구역 및 장기 미집행 도시계획시설인 기반시설의 지정 및 변경에 관한 계획이 주요 내용이지만 다른 관리계획에 대해서도 이해할 수 있다면 투자 대상이 넓어질 것이다. 뿐만 아니라 살펴보고자 하는 도시계획시설이나 개발제한구역에 대해서도 더욱 쉽게 이해할 수 있으므로 간략하나마 설명하도록 하겠다.

1. 용도지역·용도지구의 지정 또는 변경에 관한 계획

용도지역·지구·구역은 부동산 투자를 위해 반드시 인지해야 하는 기초지식으로 부동산 투자자라면 누구나 한 번쯤은 들어본 익숙한 용어일 것이다.

또한, 부동산 공인중개사 자격을 작심삼일일지라도 공부한 경험이 있다면 개략적이나마 알 수 있지만 이는 통상 암기 위주의 학습인 경우가 많아 현업에 종사 중인 경우를 제외한 경매 투자자 입장에서 실무활용성은 그리 높지 않다.

왜냐하면 경매 투자자의 상당수가 아파트 등 용도가 변경되기 어려운 물건에 투자하는 경우가 많기 때문이다. 필자의 사견으로 토지

경매 등이 아닌 단순히 아파트 경매만으로 단순 양도차익만을 할 때
는 그 영향이 미미해 전문 투자자의 길로 걷지 않는다면 학습의 의
미는 적어 보인다. 그러나 전문성을 갖추고 경매 투자에 임하려 하
거나 토지, 개발행위, 개발지역에 투자를 예정하고 있거나 관심이
있다면 반드시 이해하고 숙지해야 하는 용어다.

더욱 쉽게 이해를 돕고자 구분한다면 토지에 대해 용도지역은 토
지에 대해 규제를 하지만 용도지구는 건물에 대한 규제를, 용도구역
은 행위에 대한 규제가 이루어진다고 생각하면 학습할 때 보다 쉽게
이해를 할 수 있다.

경매 초보자가 볼 때는 그다지 중요하지 않은 내용 같고 배워도
헛갈리는 내용일 것이다. 세부적인 내용을 모두 암기할 필요까지는
없겠지만, 건설공사의 시작은 기초공사에서 시작하듯 부동산 투자
기초를 배운다는 생각으로 학습하기 바라며 경험자는 되새김 차원
에서 정독해나가길 바란다.

용도지역

지금은 지도상에 사라진 국가가 되어버렸지만, 예전에는 지금의
러시아인 소련(소비에트 연방)과 중공(중국공산당)이 지도에 적색으로
표기되었던 적이 있었다.

당시만 해도 전 세계가 사회주의와 자본주의라는 이데올로기에
따라 나뉘어 대립했지만 미하일 고르바초프의 페레스트로이카 정책
에 따라 사회주의의 몰락은 시작되었고, 사회주의 국가의 양대 축이
었던 러시아, 중국조차도 정치체제만 사회주의 표방할 뿐 경제체제
는 자본주의를 따르고 있다.

경제학자들이 사회주의 국가의 몰락은 예견되었다고 하는데, 재미있는 이야기 한 가지를 소개한다.

소련 하면 떠오르는 인물인 스탈린 통치 시절 그의 딸이 식탁에서 스탈린에게 생리대를 구할 수 없다고 투덜거렸는데, 그 원인을 조사해본 결과 소련의 경제정책을 입안하는 위원회 중에 여자가 한 명도 없어 생리대가 생산품목에 포함되지 않았다는 사실을 알았다고 한다.

사회주의 국가는 철저한 계획경제로 필요한 만큼 생산하고 배분하기에 사실인지는 모르겠으나, 이런 일이 벌어질 수 있을 것으로 생각한다.

거창한 비약일 수 있으나 이를 부동산 측면에서 보자면 계획경제이므로 부동산은 당연히 국가소유일 수밖에 없다. 하지만 우리나라와 같은 자본주의 국가에서는 자유경쟁으로 개인의 부동산 소유를 인정하고 있고, 소유자는 이를 자유롭게 사용·처분할 수 있다. 그러나 개인 소유의 재산권 범위를 광범위하게 인정한다면 소유부동산은 자신의 최대수익을 위해 이용하게 되고 이는 결국 난개발이라는 심각한 사회문제를 일으키게 될 것은 불 보듯 뻔한 일이 될 것이다.

따라서 국가는 개인 토지의 사용에 대해 적절한 통제를 할 필요가 있다. 이를 위해 전 국토를 위치와 기능 및 적성에 따라 여러 지역·지구·구역으로 구분해 적절한 용도를 부여하고 그 용도에 맞는 토지이용을 허용하고 그 용도에 벗어나는 이용은 규제하게 된다. 이때 토지의 이용 실태 및 특성과 토지의 이용방향을 고려해 지정된 곳을 용도지역이라 하며, 세분 방법 중 가장 기본적인 토지이용의 구분방법이 된다.

원칙적으로 전 토지는 시·군 단위로 하나의 지역으로만 인정되고 하나의 토지에 대해 둘 이상의 지역이 중복 지정될 수는 없다. 그러나 도시관리계획 결정으로 주거지역·상업지역·공업지역 및 녹지지역으로 세분해 지정·변경할 수 있다.

이를 비유해 설명하자면 인도에 신분을 나누는 카스트제도가 있듯이 토지에도 용도지역·용도지구라는 토지 신분제도가 있고 이중 용도지역은 도시지역·관리지역·농림지역·자연환경보전지역으로 구분하고 있다.

지목이 현재의 이용 상황이라면 용도는 미래의 활용가치 및 투자가치를 알 수 있게 되는데 즉, 용도지역에 대한 이해가 있다면 용도변경이 예정되는 토지매입을 통해 신분상승을 기대하고 이에 따른 토지의 자산가치가 높아지는 결과로 투자 수익을 올릴 수 있다.

① 도시지역

도시지역은 인구와 산업이 밀집된 지역만이 아니라 밀집이 예상되고, 체계적인 개발·정비·관리·보전 등이 필요한 지역에 지정된다.

초보 투자자들은 도시지역이라는 용어를 오인해 교통이 혼잡하고 건물들이 있는 수도권과 같은 도시지역에만 지정되는 것으로 생각하는 경향이 있다. 하지만 도시관리계획에 의한 도시지역은 기존의 도시만이 아니라 도시를 조성하고자 시행할 지역에도 지정된다는 점을 잊지 말아야 한다.

예를 들어 경매물건의 현황에는 전·답 등 농지지만 토지이용계획확인서에 도시지역으로 되어 있다면 지금은 비록 농사를 짓는 토지일지는 모르나, 시간이 지나 도시가 조성된다면 가치가 상승할 수 있는 대기번호표를 받은 토지로 해석해 일차적으로 투자 가치가 있다고 보아야 한다.

참고로 서울시의 경우 2007년 기준으로 행정구역 전체가 용도지역상 도시지역이고 세부적으로는 주거지역 50.5%, 상업지역 4.2%, 공업지역 4.6%, 녹지지역이 40.8%로 분포하고 있다.*

: 주거지역 :

주거지역은 거주의 안녕과 건전한 생활환경의 보호를 위해 필요한 지역으로, 양호한 주거환경 유지 및 적정 주거밀도 등을 먼저 고려해 지정된다. 일조권 및 사생활 보호를 위해 될 수 있는 대로 정형화된 형태로 지정되어야 함은 물론 일상생활에 필요한 교육시설, 생활용품의 구매시설, 기타 필요한 공공시설에 대한 접근성 및 이용의 편리성을 확보하는 등 주민의 일상생활 영위에 불편이 없도록 계획되어 지정된다.

또한, 단독주택·중층주택·고층주택 등이 적절히 배치를 통한 다양한 경관 형성 및 스카이라인의 유지, 주거 단편화 방지를 위해 세분해 지정된다.

Point

▷ **전용주거지역**

· 제1종 전용

: 단독주택 중심의 양호한 주거환경을 보호하기 위한 지역

· 제2종 전용

: 공동주택 중심의 양호한 주거환경을 보호하기 위한 지역

---

* 서울시 알기 쉬운 도시계획용어

▷ **일반주거지역**

　· 제1종 일반

　　: 저층 주택 중심의 편리한 주거환경을 보호하는 데 필요한 지역

　· 제2종 일반

　　: 중층 주택 중심의 편리한 주거환경을 보호하는 데 필요한 지역

　· 제3종 일반

　　: 중고층 주택을 중심으로 하는 주거환경을 보호하는 데 필요한 지역

▷ **준주거지역**

: 상업지역 :

　상업지역은 상업 및 그 외 업무의 편익증진을 위한 고밀 개발지역으로 건폐율·용적률 등이 다른 용도의 지역보다 완화해 적용되는 도시지역의 한 종류다. 국토교통부 장관, 시·도지사 또는 대도시 시장에 의해 도시관리계획으로 지정되는 지역으로 다음과 같이 구분해 지정된다.

▷ **중심상업지역**

　도심 및 부도심의 업무와 상업 기능을 확충하기 위한 지역

▷ **일반상업지역**

　일반적 상업 및 업무기능을 담당하는 지역

▷ **근린상업지역**

　근린지역에서 일용품 및 서비스를 공급하는 지역

▷ **유통상업지역**

　도시 내 및 지역 간 유통기능을 증진하는 지역

: 공업지역 :

　공업지역은 공업의 편익증진을 위해 필요한 지역이다. 주거지역과의 혼재를 피해야 하며 오염으로 인한 피해를 방지하고, 공업생산의 능률성을 높일 수 있도록 지형·지세, 풍향, 수자원 및 교통시설과의 접근성 등을 고려해 지정한다.

　공업지역으로 지정된 지역 내에서의 토지이용은 국토계획법이 정하는 바에 따라 70% 이하의 건폐율과 200% 이상 400% 이하의 용적률의 범위로 제한되며 도시계획 조례에 따라 추가적인 세부사항이 정해져 있다.

▷ **전용공업 지역**

　주로 중화학 공업·공해성 공업 등을 수용하는 데 필요한 지역

▷ **일반공업지역**

　환경을 저해하지 않는 공업을 수용하는 데 필요한 지역

▷ **준공업지역**

　자연환경·농지 및 산림의 보호, 보건위생, 보안과 도시의 무질서한 확산을 방지하기 위해 녹지의 보전이 필요한 지역

녹지란 인위적으로 창출된 공원과 정원 등의 인공적인 녹지와 대립하는 개념으로, 부동산 개발 측면에서만 본다면 환경과 결부되어 있어 개발자로서는 걸림돌로 작용한다.

이런 영향으로 부동산 개발 시 환경보호, 문화재 보존으로 인해 개발이 지연되거나 좌초되는 경우도 있는데 이 중 녹지는 자연환경을 대표하는 부동산 지역이라 할 수 있다.

이에 국토계획법에 따르면 녹지지역은 자연환경·농지 및 산림의 보호, 보건위생, 보안과 도시의 무질서한 확산을 방지하기 위해 녹지의 보전이 필요한 지역으로 용도지역 구분상 도시지역 중에서 가장 행위 제한이 강한 지역이다.

그러나 필자가 주장하는 역발상 차원에서 본다면 용도지역 중 가장 행위제한이 강하므로 용도변경만 된다면 가장 높은 수익을 창출할 수 있는 지역이기도 하다. 필자가 강의하는 토지보상경매에서 도시지역 중 가장 관심을 두어야 하는 용도지역이다.

초보 투자자의 경우 모든 녹지지역을 자연보호구역과 혼동해 오인하거나 모든 녹지는 보전해야 하므로 개발이 쉽지 않아 투자 가치가 떨어진다는 사회 통념적인 사고를 갖는 경우가 많다.

그러나 용도지역상 녹지지역은 보전의 의미만을 담고 있는 것이 아니라 자연녹지와 같이 개발을 위한 보전 차원에서도 지정된다는 것을 유념할 필요가 있다. 더욱 장기 미집행시설의 근린공원은 이런 녹지지역을 다수 포함하는 지역에 지정된 경우가 많으므로 다른 도시지역 내 용도지역보다 관심 범위에 두는 것이 좋다.

참고로 녹지지역의 건폐율은 20% 이하, 용적률은 100% 이하로 정해져 있고 이 범위 내에서 각 지자체 조례로 최대한도가 정해진다.

간혹 실전 투자에서 도시계획만을 믿고 매수했다가 개발이 수년 간 지연되어 투자금이 장기간 묶이는 경우가 있다. 기존 도시와의 연계성, 주변 여건을 판단한 후 인근 도시의 인구 증가 등 팽창속도, 잠재력 등도 검토한 신중한 접근이 필요하다.

자연녹지지역의 경우 도시의 녹지공간확보, 도시 확산의 방지, 장 래 도시용지의 공급 등을 위해 보전할 필요가 있는 지역이다. 불가 피한 경우에만 제한적인 개발이 허용되는 지역으로 녹지지역 중에 서는 행위제한의 규제가 가장 약하며 가격도 녹지 중에서 가장 높게 형성된다.

녹지지역은 다음과 같이 세분되어 지정된다.

Point

▷ **보전녹지지역**

도시의 자연환경·경관·산림 및 녹지공간을 보전할 필요가 있는 지역

▷ **생산녹지지역**

주로 농업적 생산을 위하여 개발을 유보할 필요가 있는 지역

▷ **자연녹지지역**

도시의 녹지공간 확보, 도시 확산의 방지, 장래 도시용지의 공 급 등을 위해 보전할 필요가 있는 지역으로 불가피한 때에만 제 한적인 개발이 허용되는 지역

② 관리지역

도시지역의 인구와 산업을 수용하기 위해 도시지역에 따라 체계적으로 관리하거나 농림업의 진흥, 자연환경 또는 산림의 보전을 위해 농림지역 또는 자연환경보전지역에 따라 관리가 필요한 지역을 말한다.

즉, 명확한 목적을 가지는 도시지역·농림지역·자연환경보전지역 간의 완충지역으로, 보전을 목적으로 하면서도 개발의 목적도 가진 중간적인 성격을 가지고 있는 지역을 대상으로 지정되는 용도지역이다.

관리지역은 자연환경, 농업적성, 이용실태, 인구규모, 도시지역과의 인접 정도를 고려한 토지적성평가를 통해 다음의 지역으로 다시 세분되어 지정된다.

: 보전관리지역 :

자연환경보호, 수질오염방지, 녹지공간확보 등을 위해 관리가 필요하나 주변의 용도지역과의 관계 등을 고려할 때 자연환경보호나 생태계 보전이 필요한 지역이나 자연환경보전지역으로 지정해 관리하기가 곤란한 지역을 말한다.

: 생산관리지역 :

주로 농업적 생산을 위해 관리가 필요한 지역이나 주변 상황과 용도지역과의 관계 등을 고려할 때 농림지역으로 지정이 곤란한 지역을 지정한다. 농림지역이 생상과 보전의 목적을 지니는 데 반해 생산관리지역은 개발의 여지를 지닌 지역을 말한다.

종래의 준농림·준도시지역과 유사한 성격의 지역으로 보전생산관리지역을 제외한 지역이다. 도시지역의 인구와 산업을 수용하기 위해 도시지역에 준해서 체계적인 관리가 필요한 지역이다. 같은 관리지역이지만 보전관리지역과 생산관리지역은 토지이용에 대한 제한적인 성격이 강하지만, 계획관리지역의 경우에는 개발적인 성격이 강하다고 볼 수 있다.

가령 도시지역의 확장 지정이 필요한 경우 기존의 계획관리지역으로 지정된 곳이거나 계획관리지역의 지정·관리 후 도시지역으로 편입시키는 과정을 거치게 되므로 공법 활용 토지보상경매에서 관심을 두어야 하는 지역이다.

토지전문가들이 추천하는 대표적인 토지이기도 하고 기획부동산업자들에게 계획관리지역이라고 반복되어 일컬어지는 지역이다.

③ 농림지역

경매 초보자들은 농림지역을 농업만을 영위하는 지역으로 혼동하는 경우가 많다. 농림지역은 도시지역에 속하지 않는 토지로 농지법에 따른 농업진흥지역 또는 산지관리법에 따른 보전산지 등으로서 농림업의 진흥과 산림의 보전을 위해 도시관리계획으로 지정된 지역을 말한다.

농림지역 중 농업진흥지역 및 보전산지, 초지 등으로 지정된 지역 등은 각각 농지법·산지관리법·초지법 등에 의해 추가적인 행위제한을 받게 된다. 예로 농업진흥지역의 농업진흥지구로 지정된 경우 일반적으로 농업 생산 또는 농지 개량과 직접 관련되지 않은 토지이용

행위를 할 수 없게 되어 있다.

④ 자연환경보전지역

자연환경·수자원·해안·생태계·상수원 및 문화재의 보전과 수산자원의 보호·육성 등의 관리를 위해 도시관리계획으로 지정된다.

다음과 같이 자연환경보전지역과 유사한 취지의 보호구역들이 자연환경보전지역 내에 지정될 때는 각 보호구역 해당 법상의 건축 제한을 적용받는다.

Point

▷ 자연공원법에 따른 공원구역·공원보호구역

▷ 수도법에 따른 상수원보호구역 : 환경부 장관은 상수원의 확보와 수질 보전을 위해 필요하다고 인정되는 지역을 상수원보호구역으로 지정하거나 변경할 수 있다.

【참고 6】 용도지역 분류

지 역(법)		세 분(시행령)	지 정 목 적
도시지역	주거지역	제1종전용주거 제2종전용주거 제1종일반주거 제2종일반주거 제3종일반주거 준주거	단독주택 중심의 양호한 주거환경 보호 공동주택 중심의 양호한 주거환경 보호 저층주택 중심의 주거환경 조성 중층주택 중심의 주거환경 조성 중고층주택 중심의 주거환경 조성 주거기능에 상업 및 업무기능 보완
	상업지역	중심상업 일반상업 근린상업 유통상업	도심·부도심의 상업·업무기능 확충 일반적인 상업 및 업무기능 담당 근린지역의 일용품 및 서비스 공급 도시 내 및 지역 간 유통기능의 증진
	공업지역	전용공업 일반공업 준공업	중화학 공업, 공해성 공업 등을 수용 환경을 저해하지 않는 공업의 배치 경공업 주용 및 주·상·업무기능의 보완
	녹지지역	보전녹지 생산녹지 자연녹지	도시의 자연환경·경관·산림 및 녹지공간 보전 농업적 생산을 위해 개발을 유보 보전할 필요가 있는 지역으로 제한적 개발 허용
관리지역	보전관리 생산관리 계획관리	– – –	보전이 필요하나 자연환경보전지역으로 지정이 곤란한 경우 농·임·어업생산을 위해 필요, 농림지역으로 지정이 곤란한 경우 도시지역 편입이 예상, 계획·체계적관리 필요
농림지역		–	농림업의 진흥과 산림의 보전을 위해 필요
자연환경 보전지역		–	자연환경 등의 보전과 수산자원의 보호·육성

2. 개발제한구역, 도시자연공원구역, 시가화조정구역, 수산자원 보호구역의 지정 또는 변경에 관한 계획

용도구역은 용도지역·용도지구와 더불어 토지이용을 규제하고 관리하는 토지이용계획의 대표적인 법적 집행수단이다. 토지를 경제적·효율적으로 이용하기 위한 건축물의 용도·건폐율·용적률·높이 등을 제한하는 기준이 되는 지역 구분의 하나로, 용도지역 및 용도지구를 보완하는 의미를 갖는다.

이러한 용도구역은 특히 시가지의 무질서한 확산 방지, 계획적이고 단계적인 토지이용의 도모, 토지 이용의 종합적 조정·관리 등을 목적으로 도시관리계획으로 결정되며, 개발제한구역·도시자연공원구역·시가화조정구역·수산자원보호구역으로 분류된다.

개발제한구역

실무에서는 개발제한구역이란 명칭보다는 그린벨트라는 명칭이 주로 이용된다. 그렇기에 토지이용계획서에는 개발제한구역으로 명시되고 있으나 도시관리계획으로 지정하거나 해제가 진행 중인 개발제한구역은 GB 조정대상지로 표시되고 있다.

개발제한구역은 그 유명세에 비해 잘못 알려져 있는 부분이 많다. 초보 투자자 중에는 녹지지역의 자연녹지와 혼동해 산지만 개발제한구역으로 지정되는 것으로 오인하거나 자연보호와 개발제한이 연계되어 지방지역의 임야들이 개발제한구역으로 지정되는 것으로 오인하는 경향이 많다.

그뿐만 아니라 대다수 투자자는 막연히 개발제한구역이 해제되기만 하면 가치가 상승한다는 것으로 알고 있는 경우가 많다. 정부가 그린벨트 해제와 같은 발표라도 있게 되면 이를 기대하고 투자하기도 하지만 기대와 달리 무의미한 그린벨트 해제는 이루어지지 않는다.

따라서 매수토지의 개발제한구역 해제를 기대하고 무작정 기다리는 투자 방법은 적절하지 못하다. 도시관리계획에 의해 해제가 예정되어 있거나 예상되는 토지를 매수하고 해제를 기다리는 방법이 현실적인 투자 형태라고 생각한다.

개발제한구역은 도시의 무질서한 확산을 방지하고 도시 주변의 자연환경을 보전하는 등 도시개발을 제한할 필요가 있는 경우에 지정되므로 도시지역에만 적용되지만, 도시지역의 주거지역이나 공업지역에는 지정되지 않는다.

▨ 도시자연공원구역

도시자연공원구역은 도시의 자연환경 및 경관을 보호하고 도시민에게 건전한 여가·휴식공간 제공을 목적으로 도시지역 안의 식생이 양호한 산지의 개발을 제한하기 위해 국토계획법에 따라 지정되는 구역이다. 정부는 지난 2005년 장기 미집행 도시공원을 해소하기 위해 도시공원법을 폐지하고 도시공원 및 녹지 등에 관한 법률(이하 공원녹지법)을 제정해 도시자연공원을 도시자연공원구역으로 지정하는 근거를 마련했다.

▨ 시가화조정구역

시가화조정구역은 도시지역과 그 주변지역의 무질서한 시가화를 방지하고 계획적·단계적인 개발을 도모하기 위해 5년 이상 20년 이하의 일정 기간 동안 지정된다. 국토교통부 장관이 직접 또는 관계 행정기관의 장의 요청을 받아 변경을 도시관리계획으로 지정할 수 있으며, 당해 도시지역과 그 주변지역의 인구의 동태, 토지이용 상황, 산업발전 상황 등을 고려해 유보 기간을 정한다.

보편적으로 시가화조정구역으로 지정되어 있다면 제한에 따른 개발이 어려워 투자성이 떨어진다고 생각하는 경향이 많은데, 이는 단편적 사고다.

배우고 익힌 내용으로만 생각하지 말고 한번은 뒤집고 비틀고 꼬아서 생각하자. 의외의 결과를 얻을 수 있을 것이다. 그리고 이런 역발상 사고를 부동산 투자에도 적용한다면 더욱 낮은 경쟁으로 투자 물건을 얻을 수 있다.

예를 들어 인천국제공항이 위치한 인천시 중구 중산동·운남동·운서동을 망라한 11.48㎢(347만 평)에 달하는 인천경제자유구역은 원래 수도권 택지공급난 해소를 위한 정책에 따라 해당 업무 정부 투자 기관을 사업시행자로 2002년 6월에 248만㎡ 규모를 택지개발예정지구로 지정·고시된 지역이다.

그러나 택지개발예정지구 지정 이전인 2002년 10월 시가화 조정구역으로 우선 지정된 곳이었다. 이를 지정한 이유는 향후 공항 배후 물류지원단지 역할을 준비하기 위해 공항 물류단지의 난개발을 방지하고 인천공항 2단계 개발 등과 연계해 단계적·계획적으로 개발하려는 데 주목적이 있었기 때문이다. 그에 따라 시가화 유보 기간은 영종지역의 개발목표 연도를 고려해 15년으로 정했다.

따라서 2002년 시가화조정구역으로 지정되고 유보 기간은 15년이지만 이를 역발상적 사고로 보면 2017년이 되면 유보시간이 종료되어 용도 개발이 가능하므로 투자 가치를 얻을 수 있다.

참고로 경제자유구역위원회 심의의결을 거쳐 환지방식으로 전환했고 영종하늘도시란 이름으로 개발되어 지난 2015년 점포겸용 단독주택용지 6필지 분양신청에 9천여 명이 몰려 2,400대1이라는 경쟁을 기록하는 등 지금도 여전히 인천 내 뜨거운 지역으로 부상하고 있다.

대다수 투자자는 호재지역에서만 투자 대상 물건을 찾으려고 한다. 하지만 이는 다른 투자자들도 인지하고 있어 경쟁률은 치열해질 뿐이다. 그러므로 해제가 임박한 지역의 물건을 검색한다면, 보다 낮은 경쟁으로 매수할 수 있게 되어 상대적인 블루오션으로 여겨진다.

즉 지정으로 인한 가치하락을 염두에 두는 것이 아니라 해제에 따른 가치상승을 보아야 제대로 된 토지 투자를 할 수 있게 되는 것이다.

▨ 수산자원보호구역

수산자원보호구역은 국토계획법에 규정된 수산자원의 보호 및 육성을 목적으로 지정되는 용도구역의 하나이며, 예전 국토이용관리법 및 도시계획법에 따라 지정된 수산자원보전지구는 모두 수산자원보호구역으로 변경되었다.

수산자원보호구역은 농림수산식품부 장관이 직접 또는 관계 행정기관의 장의 요청을 받아 도시관리계획으로 지정·변경하게 된다.

3. 도시개발사업이나 정비사업에 관한 계획

개발사업을 분류하는 경우 다양한 형태로 구분할 수 있으나 사업주체에 따라 분류하는 경우, 민영방식과 공영방식으로 구분할 수 있다. 보편적 사고에 의하면 민영방식은 정비사업 등 관리처분방식으로, 공영방식은 토지수용방식으로 이해하고 있는 경우가 많다.

전술한 내용이 완벽한 오답이라고 단언할 수는 없지만, 정비사업 중 재개발, 도시정비사업의 경우에도 수용이 적용되고 공영방식이라도 환지방식의 개발사업이 적용되는 경우도 있으므로 전문적 사고로는 오답에 해당한다.

이는 공영개발방식의 경우 정책 결정에 따라 신속한 추진이 되어야 하므로 토지수용방식이 대다수 사업시행 방법으로 적용되어 공영개발은 수용개발이라는 사고로 굳어진 것으로 보인다. 그 대표적 대형개발사업으로는 분당, 일산 등 1기 신도시 및 동탄, 광교 등 2기 신도시 개발사업이 있으며 이는 모두 택지개발 촉진법에 따라 조성되었다.

이후 박근혜 정부는 9.1부동산 대책 중 하나로 저렴한 토지의 신속한 공급으로 도시지역의 주택난을 해소하기 위해 신도시 등 대형 택지개발사업에 이바지를 해오던 택지개발촉진법(이하 택촉법)을 택지의 공급과잉을 이유로 폐지하려고 했다. 하지만 일부 지자체와 국회의원들이 택촉법의 폐지 필요성과 긴급성에 대한 의문을 제기하는 등 문제로 2016년 폐지를 모면했다.

택촉법 폐지에 관해서는 정부의 방침인 관계로 폐지 여부를 좀 더 두고 지켜보아야 하는 등 본서의 저술 목적과는 일치하지 않아 별론으로 하겠다. 이것은 추후 정권이 바뀌어 주거정책의 변화가 있게 되면 재시행 여부가 관건이지만 현재 필자의 사견으로는 종래의 택촉법에 의한 대규모 택지개발사업은 없을 것으로 예상된다. 이는 대형개발로 인한 막대한 보상재원 마련의 어려움, LH 등 공기업 및 지방개발공사의 부실화, 등 각종 현안이 맞물려 있기 때문이다.

그러나 이런 어려움이 있다고 해서 택지개발이 아예 시행되지 않을 것은 아니므로 이에 대한 대안 사업으로 앞으로는 도시개발사업과 정비사업이 주요 개발사업으로 자리 잡을 것으로 보인다. 그리고 재원조달은 펀드 및 리츠 등 금융을 이용한 민간개발사업이 방법이될 것으로 예상된다.

따라서 토지보상경매의 공법 활용을 통해 투자하려는 경우 도시개발사업이나 정비사업지구에 대한 투자 시 해당 사업의 사업방식에 대해 이해가 필요하다. 토지보상경매는 매각에 방점을 두고 있으므로 도시개발사업 환지방식 및 재개발 방식 및 도시정비사업방식은 청산에 대한 이해를, 수용방식의 경우에는 감정평가 및 손실보상에 대한 이해를, 재건축사업·가로정비사업은 매도청구에 대한 이해를 필요로 한다.

도시개발사업

도시개발사업이란 용어만 보면 형성된 도시를 다시 개발하는 재개발사업 성격을 가질 것으로 보이지만, 오히려 계획적인 도시개발이 필요한 지역에 도시개발구역을 지정할 수 있다. 이러한 도시개발구역 내에서 주거·상업·산업·유통·정보통신·생태·문화·보건 및 복지 등의 기능이 있는 새로운 단지 또는 신시가지를 조성하기 위해 시행하는 사업을 도시개발사업이라 한다.

국토계획법에 따르면 도시개발사업은 도시계획시설사업, 정비사업과 함께 도시계획사업의 하나라고 정의하고 있으나 도시개발사업은 도시개발법이라는 개별법에 근거를 두고 시행된다.

도시개발구역은 특별시장·광역시장·도지사·특별자치도지사·자치구가 아닌 구가 설치된 시의 시장(대도시 시장)이 지정하며 도시개발구역의 면적이 1만㎡ 이상일 경우 국토해양부 장관의 승인을 받아야 한다. 다만, 규정에 따라 필요한 경우에는 국토해양부 장관이 직접 지정할 수도 있다.

도시개발구역이 지정·고시된 경우 해당 도시개발구역은 국토계획법에 따른 도시지역과 지구단위계획구역으로 결정되어 고시된 것으로 본다(예외 : 제2종 지구단위계획구역 및 취락지구로 지정된 지역인 경우).

도시개발사업은 시행자가 도시개발구역의 토지 등을 수용 또는 사용하는 방식, 환지방식 또는 이를 혼용하는 방식으로 시행할 수 있다.

도시개발사업을 촉진하고 도시계획시설사업의 설치 지원 등을 위해 지방자치단체는 일반회계 전입금, 정부보조금, 도시개발채권 발행 자금, 시·도에 귀속되는 과밀부담금 일부 등의 재원으로 도시개발특별회계를 설치할 수 있다. 그리고 도시개발사업시행에 드는 비용은 규정에 따라 일부를 국고에서 보조하거나 융자할 수 있으며 시행자가 행정청일 경우 전액을 보조하거나 융자할 수 있다.

단일 목적의 택지조성을 위한 일단의 주택지조성사업, 공업용지조성사업, 대지조성 사업과 토지구획정리사업법에 따른 토지구획정리사업의 상호 간 조성 목적의 중복 및 시행 절차의 미비 등의 문제를 해결하기 위해 2000년 7월 도시계획법의 전면개정과 함께 도시계획법상 도시개발사업부문(주택지 조성사업, 공업용지조성사업, 대지조성사업)과 토지구획정리사업법을 통합해 도시개발법(도시개발사업)이 제정되었다.

▨ 정비사업

우리나라의 개발사업은 1970년 이후 급격한 산업화와 그 맥을 같이하며 택지개발사업, 도시개발사업 및 정비사업이 큰 줄기다. 택지개발사업이 저렴한 토지의 신속한 공급을 목적으로 하는 택지를 공급함이 목적이었다면, 정비사업은 도시 기능을 회복할 필요가 있거나 주거환경이 불량한 지역을 정비하고 노후·불량건축물을 효율적으로 개량해 주거환경의 개선을 목적으로 시행되어왔다.

현재 이루어지는 모든 정비사업은 2003년 7월 1일부터 시행된 도시 및 주거환경 정비법을 바탕으로 한다. 이는 과거 도시재개발법과 도시 저소득주민의 주거환경을 위한 임시조치법, 주택건설촉진법 중 재건축 관련 규정을 통합해 이를 보완하고 발전시킨 법으로 개발사업의 대명사처럼 여겨져왔다.

하지만 부동산 패러다임의 변화로 정비사업도 각종 문제점이 노출되면서 광역개발을 하는 뉴타운이 나타나게 되었고 지난 2012년부터는 미니 뉴타운이라 칭하는 가로주택정비사업이 추가되는 등 개발 트렌드가 변화하고 있다.

앞에서 이야기한 도시개발사업이 신도시조성에 기여할 것으로 예상된다면, 재개발 등 정비사업은 구도심 개발에 주요 개발사업이다. 이를 광역화해서 도시재정비촉진사업 또는 미니 재건축으로 불리는 가로주택정비사업이 그 트렌드를 선도할 것으로 사료된다. 따라서 토지보상경매 공법 활용을 통해 투자하려는 경우 그 트렌드에 맞추어 해당 지역의 물건을 낙찰받아 청산에 초점을 두고 접근한다면 투자 목적을 달성하기에 적합할 것으로 보인다.

① 재개발사업

정비사업의 쌍두마차 중 하나인 재건축사업이 우리나라 민영개발사업의 통장이라면, 주택재개발사업은 반장일 정도로 부동산 투자자들에게는 부동산 개발사업 투자 대상 1호다. 부동산 지식이 미약한 사람은 우리나라 모든 부동산개발사업을 재개발사업인 줄 알 정도로 개발사업의 대명사로 인식되어온 정비사업의 하나다.

재개발사업은 정비기반시설이 열악하고 노후불량건축물이 밀집한 지역에서 주거환경을 개선하기 위해 시행하는 사업으로, 정비구역 안에서 관리처분계획에 따라 주택 및 부대·복리시설을 건설해 공급하거나 환지로 공급하는 방법에 의해 시행되며 다음과 같은 구역이 지정대상이 된다.

Point

▷ 정비기반시설의 정비에 따라 토지가 대지로서의 효용을 다할 수 없게 되거나 과소토지로 되어 도시의 환경이 현저히 불량하게 될 우려가 있는 지역

▷ 건축물이 노후·불량하거나 과도하게 밀집되어 있어 토지의 합리적인 이용과 가치의 증진을 도모하기 곤란한 지역

▷ 철거민이 50세대 이상 정착한 지역이거나 인구가 과도하게 밀집되어 정비기반시설이 불량하고 주거환경이 열악한 지역

▷ 정비기반시설이 현저히 부족해 재해 발생 시 피난 및 구조활동이 곤란한 지역

② 재건축사업

재개발사업이 단독이나 빌라가 혼재된 지역에서 아파트를 건축하는 사업이라면, 재건축사업은 보편적으로 저층아파트를 헐고 고층 아파트를 건축하는 것으로 인식되어 있다.

재건축사업은 정비기반시설은 양호하나 노후·불량건축물이 밀집한 지역에서 주거환경을 개선하기 위해 시행하는 사업이다. 정비구역 안 또는 정비구역이 아닌 구역에서 관리처분계획에 따라 공동주택 및 부대 복리시설을 건설해 공급하며 다음과 같은 구역이 지정 대상이 된다.

: 공동주택재건축 :

Point

▷ 기존 또는 예정 세대수가 300세대 이상이거나 면적이 1만㎡ 이상인 지역 재건축의 일부가 멸실되어 붕괴나 그 밖의 안전사고 우려가 있는 지역

▷ 재해 등이 발생하면 위해의 우려가 있어 신속히 정비사업을 추진할 필요가 있는 지역

: 단독주택재건축 :

Point

▷ 도로 등 정비기반 시설이 충분히 갖춰져 인근 지역에 정비시설을 추가로 설치할 필요가 없을 것, 다만 정비기반시설을 정비사업시행자가 부담해 설치하는 경우는 제외

▷ 노후·불량건축물이 당해지역 안에 있는 건축물 수의 2/3 이상일 것

▷ 노후·불량건축물이 당해지역 안에 있는 건축물 수의 1/2 이상으로서 준공 후 15년이 경과한 다세대 주택 및 다가구주택이 당해 지역 안의 건축물 수의 3/10 이상일 것

: 정비구역이 아닌 구역에서의 재건축대상 :

정비구역이 지정되지 않은 구역에서 주택법의 규정에 의한 사업계획승인 또는 건축법 규정에 따른 건축허가를 얻어 건설한 아파트 또는 연립주택 중 노후불량건축물에 해당하는 것으로, 다음에 해당하는 것을 말한다.

▷ 기존 세대수가 20세대 이상으로 지형 여건 및 주변 환경으로 보아 사업시행상 불가피한 경우에는 아파트 및 연립주택이 아닌 주택을 일부 포함할 수 있음

▷ 기존 세대수가 20세대 미만으로, 20세대 이상으로 재건축하고자 하는 것

③ 도시환경정비사업

이 중에서 도시환경정비사업은 과거 도시재개발법에 따라 시행되던 도심재개발사업과 공장재개발사업을 통합한 개념으로, 노후·불량건축물을 대상으로 하는 점은 주택재개발·재건축 사업과 같으나

대상 지역이 상업지역과 공업지역 위주라는 점과 사업 목적이 도심 기능 회복과 상권 활성화를 위한 도시환경의 개선이라는 점에서 주택재개발·재건축 사업과 차이가 있다.

도시환경정비사업의 시행 방법에는 정비구역 안에서 인가받은 관리처분계획에 따라 건축물을 건설해 공급하는 방법 또는 환지로 공급하는 방법이 있다. 사업의 시행은 조합 또는 토지 등 소유자나 조합 또는 토지 등 소유자가 조합원 또는 토지 등 소유자의 과반수의 동의를 얻어 시장·군수, 주택공사 등, 한국토지공사법에 따른 한국토지주택공사(공장이 포함된 구역에서의 도시환경정비사업의 경우 제외), 건설업자, 등록사업자 또는 규정하는 요건을 갖춘 자와 공동으로 시행하며 대상구역은 다음과 같다.

Point

▷ 정비기반시설의 정비에 따라 토지가 대지로써의 효율을 다할 수 없게 되거나 과소토지로 되어 도시의 환경이 현저히 불량하게 될 우려가 있는 지역

▷ 건축물이 노후·불량해 그 기능을 다 할 수 없거나 건축물이 과도하게 밀집되어 있어 그 구역 안의 토지의 합리적인 이용과 가치의 증진을 도모하기 곤란한 지역

▷ 인구·산업 등이 과도하게 집중되어 있어 도시 기능의 회복을 위해 토지의 합리적인 이용이 요청되는 지역

④ 주거환경개선사업

주거환경개선사업은 과거 구 도시 저소득 주민의 주거환경개선을 위한 임시조치법에 의해 주거환경정비사업으로 추진되었으나, 2003년 도시 및 주거환경정비법으로 통합되면서 정비사업의 한 종류로 시행되고 있다.

주거환경개선사업은 도시정비법에 따른 정비사업의 한 종류다. 도시 저소득주민이 집단으로 거주하는 낡고 오래된 주택이 과도하게 밀집된 지역이거나 정비기반시설이 극히 열악하고 노후·불량건축물이 과도하게 밀집되어 있고, 도로·상하수도 등 공공시설이 부족하거나 시설상태가 극히 열악한 지역에서 관의 주도하에 주거환경을 개선하기 위해 시행하는 사업이다. 다음과 같은 구역이 그 대상이 된다.

Point

▷ 1985년 6월 30일 이전에 건축된 무허가 건축물 등으로 노후·불량건축물의 수가 대상구역 안의 건축물 수의 50% 이상인 지역

▷ 개발제한구역으로 그 구역지정 이전에 건축된 노후·불량건축물의 수가 정비구역 안의 건축물 수의 50% 이상인 지역

▷ 주택재개발사업을 위한 정비구역 안의 토지면적의 50% 이상의 소유자와 토지 또는 건축물을 소유하고 있는 자의 50% 이상이 각각 주택재개발사업의 시행을 원하지 않는 지역

▷ 철거민이 50세대 이상 규모로 정착한 지역이거나 인구가 과도하게 밀집되어 있고 기반시설의 정비가 불량한 지역

▷ 정비기반시설이 현저히 부족해 재해 발생 시 피난·구조활동이 곤란한 지역

▷ 노후·불량건축물이 밀집되어 있어 주거지의 기능을 다하지 못하거나 도시 미관을 현저히 훼손하고 있는 지역

주거환경개선사업은 다음에 해당하는 방법에 따라 시행한다.

Point

▷ **현지(자가)개량 방식사업**

시행자가 주거환경개선사업구역 안에서 정비기반시설을 새로이 설치하거나 확대하고, 토지 등 소유자가 스스로 주택을 개량하는 방법

▷ **공동주택건설 방식**

사업시행자가 주거환경개선사업구역의 전부 또는 일부를 수용해 주택을 건설한 후 토지 등 소유자에게 우선 공급하는 방법

▷ **관리처분 방식**

사업시행자가 규정에 따라 관리 처분에 의하는 방법

⑤ 주거환경관리사업

재개발 등 도시정비사업은 주거환경을 개선하기 위해 시행하는 사업이다. 하지만 일부 주민의 경우에는 주거환경개선이라는 법의 취지와 상반되게 원치 않는 개발로 인해 불량건축물에서 더욱 불량

한 건축물로 이주해야 하는 일들이 발생하는 등 도시정비를 위한 개발방식의 문제점이 대두되었다.

이런 문제점을 개선하고자 단독주택 및 다세대 주택 등이 밀집한 지역에서 기존의 주거환경개선사업과 같이 전면수용방식을 탈피하고, 주민들 스스로 개선 개량해나가는 주거환경관리사업이 도입되었다.

주거환경관리사업은 정비기반시설과 공동이용시설의 확충을 통해 주거환경을 보전·정비·개량하고 시행하는 사업방식이다.

대규모 전면철거 위주의 정비방식을 지양하고 기존 도시구조를 유지하면서 이주수요를 최소화하고자 하는 새로운 정비사업 방식으로, 지방자치 단체장이 정비기반시설 및 공동이용을 설치하고 주민 스스로 주택을 개량하고 마을 공동체문화를 활성화해 지역의 정체성을 유지하는 방법으로 이루어진다.

뉴타운, 재개발 정비(예정)구역 해제지역의 토지 등 소유자의 50% 이상이 주거환경관리사업의 전환에 동의하는 지역 등 시행령이 정하는 지역을 대상으로 지정된다.

비록 부동산 투자자 입장에서는 대대적인 개발이 이루어지지 않으므로 투자 가치는 떨어지겠으나 넉넉하지 못한 서민들이 지속해서 안정된 생활을 영위할 수 있다는 측면에서 주거환경관리사업의 필요성이 있다.

⑤ 가로주택정비사업

개발의 대명사로 여겨지는 재개발·재건축 사업의 개발사업 기간은 축복받아야 5년, 좀 길어진다고 싶으면 10년 이상인 경우가 허다

하다. 그뿐만 아니라 근래에는 '아예 개발하지 맙시다'가 추세가 되어 예전처럼 동네 재개발한다고 소문이라도 나면 주민들 공짜 온천 관광 다니는 꽃 피고 새 울던 시절은 지나간 듯하다.

이 같은 재개발·재건축사업의 장기화는 행위 제한에 따라 신축하지 못하고 재개발 기대에 개·보수하지 않는 등 열악한 주거환경의 가속과 같은 폐단을 낳았다. 이는 단계별마다 법령 등에서 규정하는 수의 조합원 동의를 구해야 하는 과정이 있기 때문이었다.

이런 문제를 해결하고자 기존 저층 불량 주거지의 도시 조직 및 가로망은 유지하면서 공동주택을 신축할 수 있는 미니 재개발로 비유되는 가로주택정비사업제도가 2012년에 도시 및 주거환경 정비법(이하 도시정비법)에 도입되었다.

가로주택정비사업은 노후·불량건축물이 밀집한 가로구역에서 종전의 가로를 유지하면서 소규모로 주거환경을 개선하기 위해 시행하는 사업으로 도시정비법의 주거환경개선사업, 주거환경관리사업을 제외한 재개발, 재건축사업(이하 재개발사업 등)에는 기존정비사업의 정비 기본계획 수립 및 구역지정, 조합설립을 위한 추진위원회 단계를 생략하고 바로 조합설립이 가능하다. 가로구역*내로 개발범위가 축소되어 주민동의가 쉬워지는 등 신속한 개발을 할 수 있는 장점이 있다.

지금까지 2종 일반주거지역에서 층수 제한이 7층 이하로 개발이익이 하락해 외면을 받아 사업개시가 되지 못해왔다. 하지만 지자체들의 조례변경으로 층수제한을 완화하는 등 변화가 있으므로 토지보상 경매 투자자 입장에서는 관심을 기울이는 것이 좋을 듯하다.

---

* 도시계획시설도로로 둘러싸인 일단의 지역

우리나라 최초의 가로정비사업인 2015년 사업시행인가를 받은 중랑구 면목동의 면목 우성 가로주택정비사업을 선두로 전국에서 사업신청이 증가하고 있다. 이때 투자 시 조합설립에 동의하지 않으면 재건축과 같이 매도청구대상이 되고 단지 규모가 작아 중소건설사의 나 홀로 아파트가 될 수 있으므로 유의해야 한다.

그러나 근래 가로정비사업구역의 신청이 대폭 증가하고 있으며 분담금 규모가 재개발사업 등에 비해 크지 않고 소규모 사업으로 사업 기간도 짧으며 주민들의 의사가 적극적으로 반영할 수 있는 등 유리한 측면이 많다.

더욱 가로주택정비사업은 공공주택의 활용도가 높아 미분양이 발생하면 서울시의 경우 이를 매입해 공공임대주택으로 활용하는 등 미분양 리스크를 획기적으로 감소시킬 수 있어 토지보상경매 투자자는 관심을 기울이면 좋을 듯하다. 다만 역세권 위주의 가로주택정비사업구역 투자를 추천하며 분양을 통한 수익 방식보다 토지보상경매의 장점인 매도청구를 통해 먼저 고려할 것을 권한다.

필자의 사견이지만 가로주택정비사업은 지지부진한 재개발·재건축사업의 탈출구가 되어주며 도시형생활주택 건설 붐이 있었던 것처럼 재개발사업의 틈새시장으로 성장할 것으로 보인다. 투자자에게는 새로운 개발사업의 유망한 투자 대상이 될 것으로 생각되어 다시 한 번 관심을 가져볼 것을 권장한다.

: 사업요건 :

▷ 해당 지역의 면적이 1만㎡ 미만일 것

▷ 해당 지역을 통과하는 도로(너비 4m 이하인 도로는 제외)가 설치
되어 있지 않을 것

▷ 노후·불량 건축물의 수가 전체 건축물 수의 2/3 이상일 것

▷ 해당 구역에 있는 기존 단독주택의 호수와 공동주택의 세대수를
합한 수가 20세대 이상일 것

【참고 7】 도시관리계획 수립 절차

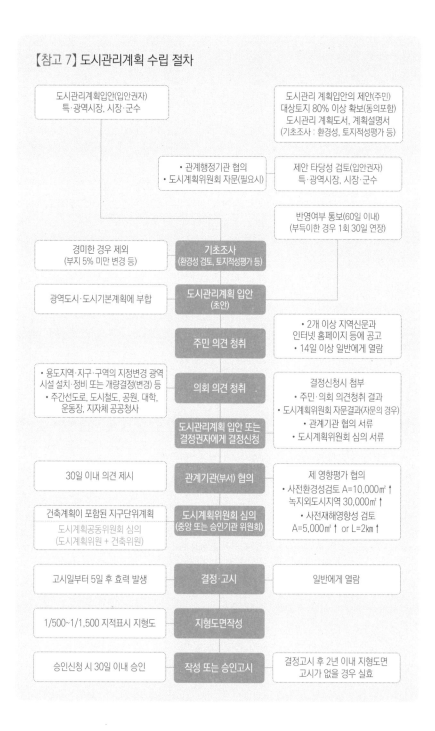

도시관리계획입안(입안권자) 특·광역시장, 시장·군수	도시관리 계획입안의 제안(주민) 대상토지 80% 이상 확보(동의포함) 도시관리 계획도서, 계획설명서 (기초조사 : 환경성, 토지적성평가 등)

• 관계행정기관 협의 • 도시계획위원회 자문(필요시)	제안 타당성 검토(입안권자) 특·광역시장, 시장·군수

반영여부 통보(60일 이내)
(부득이한 경우 1회 30일 연장)

경미한 경우 제외 (부지 5% 미만 변경 등)	**기초조사** (환경성 검토, 토지적성평가 등)	
광역도시·도시기본계획에 부합	**도시관리계획 입안** (초안)	
	주민 의견 청취	• 2개 이상 지역신문과 인터넷 홈페이지 등에 공고 • 14일 이상 일반에게 열람
• 용도지역·지구·구역의 지정변경 광역 시설 설치·정비 또는 개량결정(변경) 등 • 주간선도로, 도시철도, 공원, 대학, 운동장, 지자체 공공청사	**의회 의견 청취**	결정신청시 첨부 • 주민·의회 의견청취 결과 • 도시계획위원회 자문결과(자문의 경우) • 관계기관 협의 서류 • 도시계획위원회 심의 서류
	도시관리계획 입안 또는 결정권자에게 결정신청	
30일 이내 의견 제시	**관계기관(부서) 협의**	제 영향평가 협의 • 사전환경성검토 A=10,000㎡↑ 녹지외도시지역 30,000㎡↑ • 사전재해영향성 검토 A=5,000㎡↑ or L=2km↑
건축계획이 포함된 지구단위계획 도시계획공동위원회 심의 (도시계획위원 + 건축위원)	**도시계획위원회 심의** (중앙 또는 승인기관 위원회)	
고시일부터 5일 후 효력 발생	**결정·고시**	일반에게 열람
1/500~1/1,500 지적표시 지형도	**지형도면작성**	
승인신청 시 30일 이내 승인	**작성 또는 승인고시**	결정고시 후 2년 이내 지형도면 고시가 없을 경우 실효

도시관리계획의 투자 활용

　　우리나라 헌법 제1조 1항에 대한민국은 민주공화국임을 밝히고 있고 제2항은 대한민국의 주권은 국민에게 있음을 규정하고 있다.

　　따라서 국가계획의 목적이 국토의 이용·개발과 보전을 위한 계획의 수립 및 집행 등에 필요한 사항을 정해 공공복리를 증진하고 국민의 삶의 질을 향상하는 것이라 하더라도 개인의 재산을 마음대로 침해할 수 없고 법률에 의해서만 목적을 달성할 수 있다.

　　이에 헌법 제23조에서 모든 국민권의 재산권을 보장하고 있고 공공필요에 의한 재산권의 수용·사용 또는 제한 및 그에 대한 보상은 법률로써 하되 정당한 보상을 지급하도록 명시되어 있다.

　　그러므로 국가 또는 지방자치단체가 국민이나 주민을 위해 계획을 수립하고 입안할 때는 주민의 의견 및 의회의 의견을 듣도록 하고 있다. 또한 지방자치단체가 도시관리계획을 수립할 때는 그 의견이 타당하다고 인정되면 도시관리계획안에 반영할 수 있도록 하고 있다.

이에 지방자치단체는 주민과 관계전문가의 의견을 청취하고자 공청회를 개최하고 있으나 개발지역의 경우 주민들의 반발로 개최가 무산되는 경우도 있기도 하다.

투자자 입장에서는 공청회 개최 여부나 주민 및 관계전문가의 의견이 중요한 것이 아니라 사업 절차에서의 공청회가 진행을 위한 절차에 착수할 준비를 하고 있다고 해석해야 한다.

그러므로 간접적이지만 사업의 지속 여부를 판단할 수 있는 주민 의견수렴과정의 공청회*, 도시계획위원회의 심의 결정, 공람·공고**에서 주요 정보를 파악할 수 있도록 관심을 기울여 활용할 수 있는 능력을 배양해야 한다.

이를 위해 필자는 투자 관심 지역에 공청회 등이 개최되는 경우, 적극적으로 참여하기를 권장한다. 그 이유는 공청회에서 배포되는 자료를 통해 해당 사업의 개괄적인 파악이 가능하고 통상 해당 지방자치단체의 담당 공무원이 참석하므로 질의·응답 시간을 통해 주민들의 의견 제시 내용이 무엇인지 사업 현장의 생생한 목소리를 읽기 때문이다. 그뿐만 아니라 궁금한 점을 문의할 기회를 얻을 수 있다.

모든 강사가 경매 투자에서 임장 활동의 중요성을 수없이 외치지만 상당수의 투자자는 매매가격이나 부동산 구조 등 물건에 대한 직접적인 정보만을 얻기 위해 노력을 할 뿐 주변의 관련 정보를 얻고 그 정보를 통해 투자 결정을 하는 활동에는 게을리하는 경향이 있다.

경매는 가치 투자라고 한다. 부동산의 가치는 해당 부동산의 개별

---

* 행정청이 공개적인 토론을 통하여 어떠한 행정작용에 대해 당사자, 전문 지식과 경험을 가진 자, 기타 일반인으로부터 의견을 널리 수렴하는 절차(행정 절차법 제2조6호에 의한 정의)
** 행정청이 주민 의견 수렴을 위해 계획설명서와 관련 도면 등 공공문서를 공고기관에 비치하고 주민에게 열람하게 하는 행정행위

적 요인만으로 형성되는 것이 아니라 지역적 요인 등 다양한 요소가 어우러져 결정되므로 가치산정을 위한 접근 역시 모든 요소를 감안해야 하는 것은 당연한 이치다.

그런데도 상당수의 투자자는 수천만 원에서 수억 원이나 소요되는 값비싼 물건에 투자하면서도 조사를 굉장히 간단히 하는 경우가 많다. 부디 본서를 통해 이런 단편적 투자 습관의 개선이 이루어지길 기대한다.

1. 주민 의견청취 및 열람 공고의 활용

인터넷의 발달은 현대인을 매일 쏟아지는 정보의 홍수 속에서 살아가도록 만들고 있지만, 이런 정보 속에서 자신에게 이득이 되는 정보만을 골라 활용하는 경우는 많지 않아 보인다.

더욱 부동산 투자에서는 정보가 곧 수익으로 직결되므로 투자자들은 소수만이 알 수 있는 고급개발정보에 귀를 기울이고 자신이 소수에 해당되길 원하지만, 그 고급개발정보가 잘못된 정보인 경우에는 적지 않은 투자 손실이 발생하기도 한다.

소수만 아는 고급개발정보를 얻고자 하는 노력보다는 누구나 얻을 수 있는 공개된 정보이지만 누구나 알아볼 수 없는 정보에 대해 노력을 기울이는 것이 더욱 효율적이라 생각한다.

즉, 누구에게나 공개된 정보지만 그 정보를 연구·분석하고 활용해 정보를 얻는 것만으로도 충분히 자신만의 정보를 얻을 수 있다. 그리고 이를 근거로 경매에 도전한다면 백전백승을 보장하기 어렵겠지만 나름 높은 승률을 가질 수 있다고 본다.

이런 측면에서 도시관리계획은 지방자치단체가 누구에게나 공개하는 정보지만 누구나 알 수 있는 정보는 아니다. 오로지 관심을 갖고 연구·분석해 활용하는 투자자에게만이 유용한 정보다.

적절한 비유가 될지는 모르겠지만, 옛 속담에 '개똥도 약에 쓰려니까 보이지 않는다' 했지만, 필자는 이 속담을 '개똥도 약이 된다'로 고치고 싶다.

예를 들면 도시관리계획안에 대해 주민의 의견을 청취하고자 할 때는 그 계획의 주요 내용을 전국 또는 해당 지역을 주된 보급지역으로 하는 두 개 이상의 일간신문과 해당 지방자치단체 인터넷 홈페이지 등에 공고한다. 그리고 도시관리계획안을 14일 이상 일반이 열람할 수 있도록 해당 지자체의 게시판에 공고내용을 게시하도록 하고 있다.

그러나 여기에 관심이 없는 투자자라면 단지 주민 의견수렴이 주민들에게 묻는 일련의 절차라는 사고로 끝날 것이다. 하지만 주민 의견수렴은 간담회·공청회·토론회·여론조사 등의 방법을 통해 이루어지는 경우가 많으므로 이런 청취 절차를 통해 그 계획이 무엇인지 인지할 수 있게 된다.

예로 개발제한구역 해제에 관해 주민들의 의견을 묻는다면 투자자 입장에서는 개발제한구역이 해제되는 지역을 해제 이전에 알 수 있게 됨으로써 지속적인 관심과 관찰을 하면 선점·투자할 수 있게 된다는 것이다.

이외에도 기타 열람 공고*를 통해 이런 정보를 취득할 수 있는데,

---

* 열람은 행정청의 행정사항에 관한 결정·인가·변경 등에 있어 그 내용에 대한 일반시민·주민·이해관계인의 의견을 듣기 위하여 일정 기간 관계 서류 등을 공개하는 절차 행위를 말하며 열람 공고는 이러한 열람의 주요 내용과 열람 기간, 열람장소 등을 널리 알리는 행위를 말한다.(서울특별시 알기 쉬운 도시계획 용어)

공청회는 도시관리계획안의 수립 전, 공람은 계획안의 결정 전에 실시된다.

　그러나 실무상 전국의 모든 도시관리계획의 주민 의견수렴이나 공람을 인지하고 이에 대한 정보를 분석해 매수하기에는 어려움이 있다. 보편적으로 대부분 응찰물건을 선정한 다음 기고시된 계획의 확인을 통해 투자 대상 부동산의 편입 여부 및 사업성 여부 등을 판단하는 잣대로 활용하게 된다. 이때 수집된 정보는 종합적으로 정리하되 절차별에 따라 정리하면 사업의 진척 정도를 즉시 파악할 수 있어 요긴하게 이용할 수 있다.

　더욱 이런 파일링은 개발 절차가 장기간인 경우가 많으므로 지속적인 경매물건을 모니터링하는 데 도움이 되고, 경매정보사이트를 활용하는 경우 경매물건을 추출하기 쉽다.

【참고 8】 도시계획 및 계획관련법상의 공람 절차 비교

구분	국토의 계획 및 이용에 관한 법률 (도시관리계획)	도시개발법 (도시개발구역)	택지개발촉진법 (택지개발 예정지구)	도시 및 주거환경정비법 (도시 및 주거환경 정비기본계획)	환경·교통·재해 등에 관한 영향 평가법 (환경영향평가)
주민의견 청취 방법	공람	공람, 공청회 (100만㎡ 이상)	공람	공람	공람
공고방식	2개 이상 일간지 공고	2개 이상 일간지 공고	규정 없음	공보 및 인터넷	일간지 1회 이상
열람기간	14일간	14일간	14일간	14일간	20~60일
의견 제출	열람기간 내	열람기간 내	열람기간 내	–	열람기간 후 7일까지
의견에 대한 조치	60일 이내 통보	–	의견 종합 제출 (건설교통부장관)	–	–

특기사항	–	공람 후 공청회	열람기간 중 설명회나 공청회 1회 이상 개최	기본계획 및 정비계획을 공람으로 처리	초안 작성시 설명회, 공청회 공람 10일 이내에 설명회 개최, 주민요구시 공청회

【참고 9】주민공청회

성남시 공고 제2016 - 1133호

『2020 성남시 공원녹지 기본계획 재정비』를 위한

주민공청회 개최 공고

우리 시에서 추진 중인 '2020 성남시 공원녹지 기본계획 재정비'와 관련 「도시공원 및 녹지 등에 관한 법률」 제8조의 규정에 의거 재정비(안)에 대한 주민 및 관계전문가의 의견을 청취하고자 아래와 같이 공청회를 개최하오니 관심 있으신 분은 참석해주시기 바랍니다.

2016. 7.

성 남 시 장

1. 개최 목적

- 『2020 성남시 공원녹지 기본계획 재정비(안)』 수립에 대한 주민 및 전문가 의견 청취

2. 공청회 개최 예정 일시 및 장소

- 일 시 : 2016. 8. 3. (수) 15:00~17:00

- 장 소 : 성남시청 1층 온누리실

3. 공원녹지 기본계획 재정비(안) 개요

가. 목 적 : 2020 성남시 공원녹지 기본계획 재정비

나. 목표연도 : 2020년(변경 없음)

다. 인구수용계획 : 1,140,000인 → 1,142,200인

라. 계획구역면적 : 성남시 행정구역(141.82㎢)

마. 공원녹지 기본계획 변경내용

공원·녹지 시설변경

- 공 원 : 270개소, 17,833천㎡ → 340개소, 12,779천㎡
- 녹 지 : 135개소, 1,289천㎡ → 144개소, 1,241천㎡

주요 변경내용

- 국토부 가이드라인에 따른 우선해제 4개소

  (태평 도시자연공원, 판교 근린공원, 완충녹지 4, 오야동 경관녹지)

- 공원·녹지시설 구역조정 및 관리계획 변경(도시자연공원 → 근린
  공원)

- 2020 성남 도시기본계획 및 도시주거환경정비 기본계획 반영

  (피크닉공원, 남한산성 산림문화공원, 주거환경정비구역 내 공원녹지
  확충 등)

- 신규공원 확충(1공단 부지, 분당 수서 간 도로 공원화, 한국식품연구
  원 부지 등)

4. 기타사항

가. 2020 성남시 공원녹지 기본계획 재정비(안) 공청회 시 의견 및 건
   의사항이 있으신 분은 폐회 후 의견서를 제출해주시고, 공청회
   개최 후부터는 아래 절차에 따라 의견을 제출하실 수 있습니다.

- 제출기한 : 2016.8.3 ~ 8. 10. 18:00

- 서식 받기 : 성남시 홈페이지(http://www.seongnam.go.kr) 시
           정소식/일반 공고란의 '붙임' 서식 참조

- 제출 방법

  ·서 면 : 성남시 푸른 도시사업소 공원과 방문 또는

    FAX(031-729-4269) 전송 제출

· E-mail : 담당자 E-mail(knight5@korea.kr)로 서식 첨부 전송

※ FAX 및 E-mail 제출 시에는 전송 후 공원과로 연락바랍니다.

나. 기타 문의사항은 성남시 푸른 도시사업소 공원과(031-729-4262)로 문의해주시기 바랍니다.

【참고 11】 도시관리계획 개발제한구역해제 결정 주민 공람 공고

남양주시 공고 제2016-983호

도시관리계획(개발제한구역 해제) 결정(변경)(안)

주민 공람 공고

1. 남양주시 진건읍 진관리, 배양리 일원에 남양주 진건 기업형 임대주택 공급촉진지구 지정 추진과 관련한 도시관리계획(개발제한구역 해제) 결정(변경)(안)에 대해 「개발제한구역의 지정 및 관리에 관한 특별 조치법」 제7조 및 같은 법 시행령 제4조 규정에 따라 주민 등의 의견을 청취하고자 다음과 같이 공고합니다.

2. 본 도시관리계획(개발제한구역 해제) 결정(변경)(안)에 대해 의견이 있으신 분은 공람 기간 내에 공람장소에 서면으로 의견을 제출해주시기 바랍니다.

2016. 7. 1.

남 양 주 시 장

가. 공람 및 의견 제출 기간 : 2016.7.1. ~ 2016. 7. 15.

나. 공람 및 의견 제출장소 : 시청 도시개발과(031-590-8952) 진건읍

사무소(031-590-4896)

다. 공람도서 : 게재생략(공람장소에 비치)

라. 공람내용 : 도시관리계획(개발제한구역 해제) 결정(변경)(안)

마. 도시관리계획 결정(변경)(안) 조서

도시관리계획(개발제한구역) 결정(변경) 조서 및 사유서

– 도시관리계획(개발제한구역) 결정(변경) 조서

도면 표시 번호	구 역 명	위 치	면 적 (㎢)			비 고
			기 정	변 경	변경 후	
–	남양주시 개발제한구역	남양주시 진건읍 진관리, 배양리 일원	226.568	감)0.915	225.653	남양주진건 기업형 임대주택 공급촉진지구 조성사업

– 도시관리계획(개발제한구역) 결정(변경) 사유서

구 분	도면표시 번호	위 치	면 적 (㎢)	변 경 사 유
변경 (해제)	–	남양주시 진건읍 진관리, 배양리 일원	감) 0.915	국민의 주거생활을 안정시키는 것을 목적으 로 수도권 동부지역에 필요한 민간임대주택 을 건설·공급하기 위해 남양주시 진건읍 일 원에 기업형 임대주택 공급촉진지구로 지정 하고자 개발제한구역을 해제하고자 함

바. 기 타

1) 공람사항은 개별 통보하지 않고 본 공고로 갈음함을 알려드립니다.

2) 본 공람내용은 최종결정 내용이 아니며, 결정 과정에서 내용이

변경될 수 있음을 알려드립니다.

2. 도시계획위원회의 활용

의식주는 인간이 삶을 살아가는 데 필요 3요소라고 초등학교 사회시간에 배워왔다. 이 중 양질의 주거생활은 좋은 주택을 취득할 수 있는 개인적 능력에 따라 결정되지만, 주변의 활동 기능을 얼마나 능률적이고 효과적으로 이용할 수 있는지에 의해서도 간섭을 받는다.

그러나 이런 주변의 편리기능은 자신이 결정할 수 있는 사항이 아니라 그 공간을 배치하는 국가계획 등에 의해 결정된다. 따라서 다수가 이용하는 공간배치는 대단히 중요한 요소로써 단기적 측면만이 아니라 중기적·장기적 측면까지 고려해 수립해야 하며 이를 도시계획이라고 한다.

이때 수립되는 도시계획은 국가나 지방자치단체의 관련 공무원이 각종 조사 등 절차를 통해 수립한다. 하지만 계획으로만 시행되기에는 투입비용, 적정성 등 여러 요인을 감안할 때 관련 전문가들의 자문과 의견을 듣고 결정하는 것이 적절하다.

이를 위해 1972년 도시계획법에 따라 전문가들의 의견을 듣고 자문 및 심의를 위해 설치된 기관이 도시계획심의 위원회다. 도시계획위원회는 국토교통부의 중앙도시계획위원회와 해당 지방자치단체에 설치한 지방도시계획자문위원회로 구분된다. 도시계획에 관한 중요사항을 심의·조사·연구하고 행정관청의 자문에 응하는 등 도시계획 위임된 사항을 심의하고 자문하는 비상근 행정위원회다.

중앙도시계획위원회는 '도시계획법'으로 국토교통부에 설치되며 국토부 장관이 위원장을 국토교통부 차관이 부위원장을 맡고 위원

25~30인 이내로 구성된다. 회의는 위원장이 필요하다고 인정하는 경우에 소집하고 재적위원 과반수의 출석으로 개최하며 출석위원 과반수의 찬성으로 의결한다.

장기 미집행 도시계획시설에 대해 투자 활용 시 도시계획위원회의 구성과 업무가 중요한 것은 아니다. 심의위원들이 모여 심의를 하여 작성된 회의록 및 결과를 투자에 활용할 가치가 있다.

회의록의 경우 지방자치단체마다 다르지만 통상 해당 안건 심의 종료 후 30일이 지난 후 법령상 회의록 방문 열람이 가능하다. 하지만 심의 결과는 원안수용(가결), 조건부 수용, 수정수용, 재심의 결정, 부결로 구분되어 그 개최 결과를 알 수 있다.

따라서 매수 투자하고자 하는 지역의 경매 물건을 취득하기 전 도시계획위원회의 심의 결과를 파악해두는 것이 중요하며 재심의나 부결, 보류의 결과가 되었다면 투자에 신중을 기해야 한다.

장기 미집행시설의 경우 해제를 위해서는 주민공람을 시작으로 관련 기관과 협의를 통해 도시계획위원회 심의를 거쳐 해제 절차를 밟게 된다. 이에 도시계획심의위원회와 도시계획위원회의 심의 결과에 관한 관심도 중요하지만 심의 결과에 나타난 심의 대상사업과 지역 등을 알 수 있어 해제 예상지역을 미리 파악할 확인 방법으로도 투자를 위한 활용가치가 있다고 할 수 있다.

도시계획 심의 결과는 지방자치단체 홈페이지의 위원회를 찾아 확인하면 되는데, 지방자치단체별로 달리하므로 개별적인 노력을 통해 확인하기 바란다.

제00차 도시계획위원회 심의 결과

【2015. 12. 16(수) 15:00, 6층 기획상황실】

심의 결과 : 원안 가결 2, 보류 4, 자문 1

- 시설계획과 4, 재생협력과 1. 주거사업과 1, 도시계획과 1

순서	안 건 명	개 요				개최 결과
1	〈재생협력과〉 동대문구 신설동 131-50 일대 등 4개소 주거환경개선 정비예정구역 해제(안)	· 위 치 : 동대문구 신설동 131-50번지 일대 등 4개소 · 내 용 : 주거 환경개선 정비예정구역 해제				원안가결
		위치	면적 (ha)	정비예정구역 지정일(고시번호)		
		신설동 131-50 일대	0.5	04. 6. 25 (서고시 2004-204)		
		용두동 129-275 일대	0.7	2004. 6. 25 (서고시 2004-204)		
		용두동 112-85 일대	0.6	2004. 6. 25 (서고시 2004-204)		
		제기동 122 일대	0.6	2004. 6. 25 (서고시 2004-204)		
2	〈도시계획과〉 북한산·남산주변 최고 고도지구 완화기준 운영 자문	· 내용 : '북한산·남산 주변 최고고도지구 완화기준 (서고시제2005-270, 2005.9.8.)' 운영 관련 자문				자 문
3	〈시설계획과〉 도시계획시설(유수지) 결정(안) (양재근린공원 내 중복결정)	· 위 치 : 서초구 양재동 311 일대 (3,300㎡) · 내 용 : 도시계획시설(유수지) 결정 - 양재근린공원 내 유수지(저류시설) 중복 결정 ※ 제1종일반주거지역, 공원				보 류

3. 지형도면의 고시 활용

필자의 토지보상경매 강좌에는 간혹 변호사, 감정평가사, 회계사 등 전문가들도 수강하는 경우가 있어 필자를 긴장하게 만들곤 한다. 현업에 종사하는 공인중개사 중에는 매회 강좌마다 수강하는 분들도 있어 이들에게 영업지역의 상황이나 정보를 역으로 되묻곤 한다.

필자가 비록 부동산을 가르치는 강사지만 전국의 모든 지역에 대해 현황파악은 불가능하고 사업 흐름을 모두 인지할 수 없지만, 지역의 부동산 전문가인 공인중개사는 이에 대한 사항을 꿰고 있어 지역 개발 등 궁금한 사항이 발생하게 되면 본의 아니게 스승과 제자의 인연(?)을 맺은 공인중개사에게 문의하기도 한다.

필자는 이렇게 맺어진 인연을 대단히 중요하게 생각한다. 전화 한 통화로 그 지역 정보를 알 수 있다는 것은 필자만이 누리는 행복으로 앞으로도 지속되었으면 하는 바람이다.

다시 본론으로 돌아오자.

국토계획법에서는 도시관리계획의 효력은 지형도면을 고시한 날부터 발생한다고 규정하고 있다. 이 규정은 공인중개사 자격시험에서는 매년 빠지지 않는 단골메뉴인데, 시험에서는 고시한 다음 날로 오답을 만들어 헷갈리게 하는 통에 중개자격 응시생들의 머리를 쥐어짜게 한다.

필자는 강의 중 가끔 지형도면을 '어디에 쓰는 물건인고'를 묻고는 하는데 돌아오는 대답이 신통치 않으면 지형도면은 공인중개사 자격취득시험에 쓰는 것이라는 농담을 던지곤 한다. 그런데 문제는 농담처럼 지형도면이 진짜 자격시험에만 사용될 뿐 실무현장에서 이를 이용하는 경우를 본적은 별로 없는 듯하다는 것이다. 경매 투자자에게는 지형도면을 고시한 날이든 다음 날이든 그리 중요치 않게 여기는 경향이 많다.

그러나 지형도면은 지방자치단체의 장은 다음의 사항에 대해 지형도면 등을 작성해 관보 또는 공보에 반드시 고시하도록 하고 있고 지형도면이 고시되지 않으면 효력조차 발생하지 않을 정도로 중요하게 취급되고 있다.

지형도면은 지역·지구 등의 결정 사항을 개별 필지와의 관계에 대한 사실관계를 확인하기 위해 작성하며, 이를 일반 국민에게 알려줌으로써 지역·지구 등의 운영 투명화와 알 권리를 충족시켜주는 데 그 목적이 있다.

더욱 시장이나 군수는 지형도면에 도시관리계획에 관한 사항을 자세히 밝혀 작성하고 도지사의 승인까지 받도록 하는 것을 보면 무엇인지는 모르지만, 막연하나마 대단히 중요한 내용이 들어 있음을 미루어 짐작할 수 있지 않을까 한다.

한마디로 지형도면은 보물 지도라고 정의할 수 있으나, 보물 지도는 보물이 지도에 숨겨져 있다는 것을 아는 사람에게만 보물지도이기에 보물을 모르고 있다면 그냥 종이쪼가리일 뿐이다.

지형도면이 보물지도급 내용이 담겨 있어도 실무적으로 활용성이 떨어지는 이유는 투자자 입장에서 볼 때 지적이 표시되지 않는 등의 문제도 있지만, 부동산 투자에 직접적인 영향이 적은 것으로 생각하기 때문으로 사료된다.

그러나 토지보상경매의 주요 투자 대상이 보상을 목적으로 하고 매년 도시관리계획으로 보상되는 금액이 상당하므로 도시계획 고시정보를 적절히 활용한다면 투자 대상의 폭이 넓어지게 되어 유리한 선점을 할 수 있다.

지형도면이 보물지도 역할을 하는 이유는 해당 지역에 토지보상 경매물건의 편입 여부를 대략 짐작할 수 있기 때문이다. 지형 도면 상의 관공서, 도로경계 등 지형지물을 이용하여 지적도면을 일치화 하면 쉽게 확인할 수 있다.

지형도면은 토지이용규제정보서비스 - 고시정보 - 고시정보열람 을 통해 확인할 수 있다.

▨ 도면의 형식

지형도면은 국토이용정보체계에 구축된 데이터베이스를 사용해 축척 1/500~1/1,500까지로 작성되며 녹지지역의 임야, 관리지 역, 농림지역 및 자연환경보전지역은 축척 1/3,000~1/6,000로 작 성하고 지형도면은 토지이용규제정보서비스LURIS 등재 시에는 JPG 파일 형식으로 저장된다.

지형도면 등 작성 및 출력 시 사용하는 용지의 크기는 A1(594㎜× 841㎜)을 표준으로 하고 있으므로 화면 확대를 하면 자세한 지번 등 의 확인을 할 수 있다.

【참고 13】지형도면 고시 절차

【참고 14】지형도면 고시

국토교통부 고시 제2016-593호

광명시 시흥시 도시관리계획
변경(개발제한구역 일부 해제) 결정

광명시 및 시흥시 도시관리계획 변경(개발제한구역 일부 해제)을 공공주택 특별법 제6조의2제5항 및 개발제한구역의 지정 및 관리에 관한 특별조 치법 제8조 제1항에 의해 다음과 같이 결정했음을 알려드립니다.

또한, 같은 법 제8조 제6항 및 토지이용규제 기본법 제8조 제2항의 규 정에 따라 도시관리계획 결정(변경) 및 지형도면 등을 고시하고 관계도서는 광명시청, 시흥시청에 비치했으며 일반인 공람이 가능함을 알려드립니다.

2016. 9. 6.

국토교통부장관

─────────── 다 음 ───────────

1. 광명시·시흥시 도시관리계획 변경(개발제한구역 일부 해제) 결정조서 : 붙임

[붙 임]

광명시·시흥시 도시관리계획 변경(개발제한구역 일부 해제) 결정조서

- 개발제한구역 변경(일부 해제)

구분	구역명	위치	면적(㎢)			비고
			기정	변경	변경후	
변경	광명시 개발제한구역	광명시 옥길도, 노온사동, 가학동 일원	15,306	감) 0.745	14,561	
변경	광명시 개발제한구역	시흥시 과림동, 무지내동, 일원	86,256	감) 0.397	85,859	

· 광명시 기정 : 경기도 고시 제2015-212호(2015.11.3) 광명 도시관리계획(개발제한구역 해제) 결정(변경)

· 시흥시 기정 : 경기도 고시 제2013-114호(2013.05.7) 시흥 도시관리계획 변경 결정 고시

- 변경 사유

  광명시흥 공공주택지구 해제(2015.4.30) 이후까지 훼손지복구계획에 따라 개발제한구역으로 남아 있는 지역에 대해 『공공주택 특별법』제6조의3제5항에 따라 개발제한구역을 해제하고자 함

- 광명시흥 특별관리지역 도시관리계획 변경 결정도·지형도면 : 생략

※ 참고사항

  도시관리계획 변경 결정도(1/5,000) 및 지형도면은 광명시청(융복합도시정책과), 시흥시청(특별관리지역과)에 비치, 일반인 공람이 가능함을 알려드립니다.

【참고 15】 지형도면

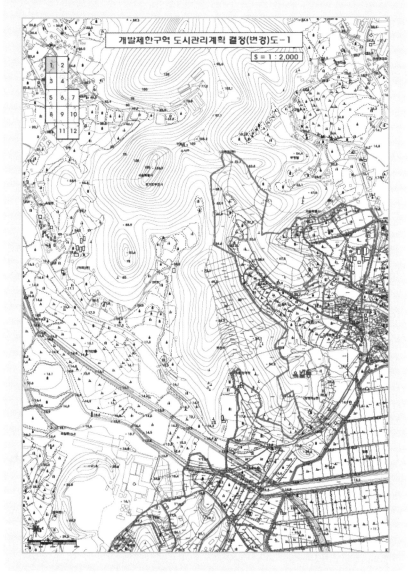

4. 언론정보의 활용

이 책의 주제는 토지보상경매를 위한 부동산공법의 활용으로, 다소 거창해 보일지도 모른다. 하지만 그 핵심은 국가 및 지방자치단체가 법률에 의해 제시해야 하는 계획에 의해 해제되거나 지정되는 지역의 부동산을 경매로 취득하고 일반매매나 토지보상으로 매각하려는 것이 주목적이다.

그러나 공법지식과 보상지식이 미약한 초보 투자자나 단순 경매 투자자 입장에서는 사막 한복판에서 오아시스 찾는 것과 마찬가지일 것이다. 모래뿐인지라 어디로 가야 할지 무엇을 해야 할지 감을 잡기 어렵다.

사막 여행자라면 반드시 지참하는 것이 지도와 나침반이다. 이는 목숨과 같이 귀중한 것으로, 부동산 투자에서도 나침반과 지도만 있다면 그 목적지를 찾아 여기저기를 헤매는 일은 없을 것이다. 지도가 부동산공법의 역할을 한다면 나침반은 그 방향을 알려주는 정보라 할 수 있다.

그런데 문제는 지도와 나침반을 가졌다고 해서 누구나 목적지를 찾을 수 있는 것이 아니라는 것이다. 나침반의 방위과 지도를 일치화시켜 가야 할 방향을 정해야 하는 독도법을 알아야 한다. 이를 모른다면 아무리 훌륭한 지도와 나침반을 가졌다 하더라도 무용지물일 뿐이다.

필자가 이 책에서 말하려는 것이 바로 지도를 읽는 독도법으로, 내비게이션 역할을 하고자 한다.

나침반 역할의 정보 중 손쉽게 얻을 수 있는 대표적인 정보에는 신문 등 언론이 제공하는 각종 부동산 관련 정보가 있다. 이 정보의 진위만을 구분할 수 있는 능력만 있어도 투자의 반은 성공하였다 해도 과언이 아닐 것이다.

▨ 사례 활용

하남시는 2020 도시기본계획 재수립(안)에 따라 기본계획에서 제시된 분야별 세부계획에 대한 <u>도시관리계획 재정비 결정</u>을 11월 12일 자로 최종 결정·고시했다.

하남시 공동위원회(도시계획, 건축위원회) 심의를 거쳐 결정·고시된 51개 취락 787필지 20만6004㎡로 인접 우선해제 취락과 동일하게 변경돼, 3개 취락(섬말, 샘골, 법화골) 지역은 자연녹지지역에서 제1종전용주거지역으로, 그 외 48개 취락은 자연녹지지역에서 제1종일반주거지역으로 건축물의 신축 등 개발행위가 가능하게 됐다.

따라서 개발행위 완화와 관련 건폐율은 20~60%로, 용적률은 100%에서 130~160%로 상향조정됐다. 또한, 신장초등학교와 남한중학교는 자연녹지지역에서 제1종일반주거지역으로 변경, 용적률 상향에 따른 체육관 등의 설치가 가능하게 됐다.

2015. 11. 인터넷 뉴스 기사 발췌

흔히 사진을 찍을 때 말하는 얼짱 각도는 얼굴을 살짝 내려 왼쪽으로 살짝 기울여주고 오른손으로 오른쪽 뺨을 살포시 대고 있으면 된다고 하는데, 그 영향인지 옛날 부동자세로 일관하던 사진과 달리 요즘 젊은 친구들의 사진 포즈를 보면 한쪽 손은 얼굴에 대고 있는 사진들이 많다.

인생 반백을 살아온 사람들에게는 얼짱 사진을 찍어 자랑할 일이 없지만, 필자는 혼자 있을 때 심심풀이로 셀프 카메라(셀카)를 찍는 경우가 종종 있다. 나름 얼짱 각도 비슷한 포즈를 취해보곤 하며 자기만족의 시간을 보내기도 한다.

독자들은 부동산 도서에 느닷없이 얼짱 각도를 왜 이야기하는지 의아해할 지도 모른다. 그 이유는 경매사이트를 통해 경매물건을 직접 선별하는 것이 아닌 신문 등 기사나 뉴스를 통해 접근하는 간접적으로 투자 물건을 선별하는 방식을 설명하고 이때 신문이나 뉴스를 보는 각도가 달라지면 여러 가지 해석이 가능함을 비유하기 위해서다.

만약 위의 기사를 부동산에 별다른 관심이 없는 일반인이 본다면 그냥 지나쳐 넘어가겠지만, 부동산에 관심이 있는 경우라면 눈길 한 번 정도는 줄 것이고 관심 정도에 따라 그 각도가 다르게 된다.

더욱 부동산공법에 대해 나름의 지식이 있다면 눈여겨보게 될 것이다. 대충 내용을 짚어보아도 투자성이 높아지는 부동산으로 변경된다는 내용으로 비록 기사 세 줄이지만 투자자에게는 중요한 투자정보를 알려주고 있다.

지금부터 기사를 분석해보자.

하남시는 2020 도시기본계획 재수립(안)에 따라 기본계획에서 제시된 분야별 세부계획에 대한 도시관리계획 재정비 결정을 11월 12일 자로 최종 결정·고시했다.

필자가 위에서 기사를 분석하고자 했지만, 까막눈만 아니라면 누구나 하남시에 새로운 계획발표가 있었다는 사실을 알 수 있을 것이다.

그런데도 필자가 굳이 평범해 보일 수 있는 기사를 골라 소개하는 배경에는 내 입맛에만 맞는 빵을 사다 주기보다는 빵을 만드는 제빵기술을 알려주어 독자와 수강생들이 먹고 싶은 빵을 만들어 먹게 하려는 데 있다.

본론으로 돌아와서 이 기사를 분석하자고 하였지만 사실 분석이라기보다는 용어해설에 더 가까울 것이다. 그러나 굳이 이를 필요로 하는 이유는 기사 대부분의 실생활에 접하지 않는 법률 및 행정용어로 채워졌기 때문이다.

위의 기사에서 핵심 키워드는 도시기본계획*과 도시관리계획이란 용어다. 두 용어 모두에는 계획이란 단어가 붙어 있지만, 기사의 마지막에는 결정·고시가 되었음을 알려주고 있다. 이는 이제 계획이 아니라 실행준비단계에 접어들었음을 알 수 있다.

또한, 결정·고시에서 고시란 행정기관이 결정한 사항, 또는 일정한 사항을 공식적으로 일반인에게 널리 알리는 일이다. 만약 아무리 훌륭한 도시관리계획을 세우고 이를 실시하기로 했더라도 이를 관보 등에 고시하지 않으면 대외적으로 아무런 효력이 없게 되므로 반

---

* 정식 명칭은 도시·군 기본계획, 도시·군관리계획이지만 약칭해 도시기본계획, 도시관리계획이라 함

드시 이를 고시한다.

이를 초보자 입장에서 종합해서 본다면 앞으로 도시를 개발하기 위해 관리하는 계획의 목표를 일부 수정해 이를 진행할 청사진을 만들었으니 그 내용을 누구나 와서 열람하라는 것이다.

그런데 문제는 경매사건기록(재판기록)은 누가 어디서 열람하는지는 알아도 도시관리계획이 무엇을 하기 위한 계획이고, 어디에 가야 볼 수 있는지 잘 모르는 경우가 많다는 것이다.

그렇다면 누가 이런 도시관리계획의 고시에 관심을 둘 것일까?

당연히 당해 지역의 주민이 첫 번째일 것이고, 그다음은 부동산에 관심을 갖는 투자자로서 바로 독자들일 것이다. 그런데도 그냥 지나갈 수 있는 인터넷 신문에 나오는 하찮은 기사로만 볼 것인지 고민해보기 바란다. 고민해볼 가치가 있다고 느꼈다면 다시 좀 더 들어가 보도록 하자.

부동산을 이해하기 위해 반드시 알아두어야 하는 계획에는 도시기본계획과 도시관리계획이라는 두 가지가 있다.

이 두 계획 중 투자자에게 직접적으로 와 닿는 체감적인 계획은 도시관리계획이지만, 도시기본계획에 의해 구체화되는 계획이 도시관리계획이므로 두 계획관계에 대한 이해가 있어야 한다.

하남시 고시 제2015-118호

도시관리계획(용도지역·지구, 도시계획시설, 지구단위계획 등)
변경 결정 고시

1. 개발제한구역에서 해제된 경계선 관통 대지 등의 용도지역 변경, 지구단위계획, 도시계획시설 등 도시관리계획(재정비) 변경 결정(안)에 대해 「국토의 계획 및 이용에 관한 법률」 제30조, 같은 법 시행령 제25조에 따라 결정하고, 「국토의 계획 및 이용에 관한 법률」 제32조 및 「토지이용규제 기본법」 제8조 제2항 규정에 의거 지형도면 등을 고시합니다.

2. 관계 도서는 하남시청 도시과에 비치하여 일반인에게 보이며, 지형도면 등은 토지이용규제정보시스템(http://luris. molit.go.kr)에서 열람이 가능합니다.

   1) 도시관리계획 변경 결정 조서 : 붙임

   2) 도시관리계획 결정도 및 지형도면 : 게재생략(하남시청 도시과 비치)

2015. 11. 12.

하 남 시 장

〈도시관리계획(용도지역) 변경 결정 조서〉

1. 용도지역 변경 결정 조서

가. 용도지역 변경 결정 조서

구 분		면 적(㎡)		
		기 정	변 경	변경 후
합 계		93,068,545.0	감)23,891.0	93,044,654.0
주거 지역	소 계	13,460,835.0	증)235,057.4	13,695,892.4
	제1종전용주거지역	306,607.0	감)51,398.0	255,209.0
	제2종전용주거지역	–	–	–
	제1종일반주거지역	5,565,338.8	증)286,455.4	5,851,794.2
	제2종일반주거지역	1,669,142.4	–	1,669,142.4
	제3종일반주거지역	4,447,973.0	–	4,447,973.0
	준주거지역	1,471,773.8	–	1,471,773.8
상업 지역	소 계	1,067,893.0	–	1,067,893.0
	중심상업지역	195,218.0	–	195,218.0
	일반상업지역	684,887.0	–	684,887.0
	근린상업지역	187,788.0	–	187,788.0
	유통상업지역	–	–	–
공업 지역	소 계	216,000.0	–	216,000.0
	전용공업지역	–	–	–
	일반공업지역	130,470.0	–	130,470.0
	준공업지역	85,530.0	–	85,530.0
녹지 지역	소 계	78,323,817.0	감)258,948.4	78,064,868.6
	보전녹지지역	–	–	–
	생산녹지지역	–	–	–
	자연녹지지역	78,323,817.0	감)258,948.4	78,064,868.6

나. 용도지역 변경 사유서

위 치	용 도 지 역		면 적(㎡)	용적률	변경 결정사유
	기 정	변 경			
하남시 일대 (샘골, 법화골, 섬말)	자연녹지 지역	제1종전용 주거지역	5,684.0	100%이하	· 개발제한구역에서 해제 된 경계선관통대지의 용 도지역 변경
하남시 일대 (미사촌 등 48개 취락)	자연녹지 지역	제1종일반 주거지역	199,953.4	기준 :130%이하 상한 :160%이하	· 해당 개발제한구역 우선 해제취락 지구단위계획 구역과 동일한 용도지역 으로 변경
풍산동 379-1일대 (방아다리 취락)	제1종전용 주거지역	제1종일반 주거지역	57,082.0	기준 :130%이하 상한 :160%이하	· 개발제한구역 우선해제 취락 지정 이후 많은 여 건변화 발생 · 효율적 토지이용과 주변 용도지역 현황을 고려한 용도지역 변경
신장동 422-10일대 (신장초, 남한 중)	자연녹지 지역	제1종일반 주거지역	29,420.0	200%이하	· 연접지역 개발(기성시가 지, 신장2지구, 지역현안사 업2지구)로 인해 해당 학 교부지만 자연녹지지역 이 섬처럼 남아 있음 · 주변 토지이용 및 여건 변화에 맞춰 합리적인 용도지역으로 변경
하남시 관내	자연녹지 지역	–	23,891.0	23,891.0	· 행정구역 면적 구적오차 정정(경미한 변경)

※ 교산동 37-1, 하산곡동 365-2번지는 생태·자연도 등급조정 절차를 이행한 후 고시예정임

〈지구단위계획 변경 결정 조서〉

1. 우선해제 취락

가. 지구단위계획구역에 관한 변경 결정 조서

도면 번호	구역명	위 치	면 적(㎡)		
			기정	변경	변경 후
-	계	51개 구역	4,387,794.0	증) 205,637.0	4,593,431.0
5	미사촌	미사동 459-2대 일원	179,194.0	증) 8,016.0	187,210.0
9	황산2	풍산동 244-11대 일원	84,525.0	증) 1,068.0	85,593.0
13	방아다리	풍산동 379-1대 일원	57,082.0	증) 213.0	57,295.0
14	온천2	덕풍동 302-8대 일원	158,465.0	증) 435.0	158,900.0
15	나룰	덕풍동 28대 일원	60,006.0	증) 86.0	60,092.0
16	신평	신장동 260-4대 일원	92,674.0	증) 5,506.0	98,180.0
17	월남촌	초이동 161-1대 일원	163,800.0	증) 1,360.0	165,160.0
18	지지미	초이동 234-10대 일원	140,897.0	증) 4,395.0	145,292.0
19	대사골	초이동 7대 일원	31,094.0	증) 1,579.7	32,673.7

| PART 3 |

장기 미집행 도시계획시설
일몰제와 투자 활용

개요

필자가 이 책을 집필하게 된 가장 주요 부분이 바로 다음에 나오는 장기 미집행시설의 일몰제 때문이다. 언론에는 장기 미집행시설 일몰제와 관련해 관련 기사가 매일 지면을 장식하고 있지만, 대다수 경매교육기관은 간단히 투자의 대상으로만 언급하는 경우가 많고 실전 활용을 위한 세부적 내용에 대한 과정은 그다지 많지 않은 것으로 알고 있다.

장기 미집행 도시계획시설 투자에 필요한 공법적 지식이 함양되어야 하고 지방자치단체의 도시관리계획 등에 대한 지속적인 모니터링이 필요하기 때문으로 상당수의 경매 투자자는 학습을 통한 투자보다는 단순한 양도차익형 투자를 원하고 이에 대한 눈높이를 맞추고자 하는 교육단체의 실리추구 때문이다.

그러나 단순히 양도차익형 경매 투자는 한계에 이를 수밖에 없다. 전문경매인으로 투자 대상 폭을 넓히고자 한다면 부동산공법에 대한 이해를 수반해야 하고 앞으로 3년밖에 남지 않은 도시계획시설 일몰제는 경매 투자자에게는 적기의 투자 대상이 되므로 투자 수익의 확대라는 측면에서도 배우고 익혀야 하는 필수 요소다.

근래 지방자치단체의 일몰에 따른 난개발 우려로 근심이 깊어가고 있다. 각종 일몰대책을 세우기에 분주한 한편, 일부 지방자치단체는 손제적 대응을 위해 집행 가능성이 없는 불합리한 도시계획시설을 재검토해 해제 및 조정을 위한 위한 정비작업에 착수하고 있기도 하다.

특히 장기 미집행 도시계획시설의 하나인 도시공원 중에 사업성이 있다고 판단되는 공원에 대해서는 민간특례사업으로 추진하기 위해 용역을 준비하는 등 이에 대한 대응 방안을 준비하고 있다. 그러므로 경매 투자자 입장에서는 이를 활용한다면 효율적 투자를 달성할 수 있다고 사료된다.

일부 지방자치 단체의 준비 및 진행 상황을 살펴보면 장기 미집행 도시계획시설 집행률(62.8%)이 전국에서 가장 낮은 부산시의 경우에는 일몰제 시행 전까지 미집행 도시계획시설을 이행하기 위해서는 부지 매입비만 12조 6천억 원이 소요된다. 그래서 부산시는 장기 미집행 도시계획시설 연도별 정비목표제를 수립해 2020년까지 실효제 대상 시설 1천357건, 6천796만㎡를 정비하기로 했다.

항목별로는 공원·녹지·유원지가 109건 6천 126만㎡로 전체의 90%를 넘고, 도로·광장이 1천198건 590만㎡ 등으로 필요할 경우 10년 미만의 도시계획시설도 정비사업 대상에 포함하며, 시설별 설치 목적과 기능을 재검토해 최종 해제 여부를 확정한다.

인천광역시는 2016년 8월 장기 미집행공원 12곳의 도시계획시설 결정을 도시계획심의 위원회를 열고 폐지 결정을 했다. 공원 결정이 해제된 곳은 햇골공원(남구 학익동)·수리봉공원(연수구 연수동)·비루공원(남동구 만수동)·도림공원(남동구 수산동)·서달공원(부평구 청천동)·산마루공원(부평구 산곡동)·구로지공원(부평구 산곡동)·검암공원(서구 검암동)·검단24호공원(서구 오류동)·검단25호공원(서구 오류동)·대룡공원(강화군 교동면)·온수공원(강화군 길상면)이다.

대전광역시는 2016년 말까지 단계별 집행계획을 수립해 시의회에 보고하고 과감한 해제 또는 정비 절차에 들어가 2017년부터 본격적으로 해제하거나 정비하는 것으로 되어 있다.

광주광역시는 미집행 도시계획시설 1천160만㎡를 1, 2단계로 나눠 정비하고 1단계로 2018년까지 504만1천㎡를, 2단계로 2019년과 2020년에 570만㎡를 정비하기로 했다. 잔여 77만여㎡는 2021년 이후 해결할 방침으로, 도시공원 중 사업대상지 11곳 966만㎡를 선정하고 이 중 7곳은 2016년에 민간제안서 공모를 마치고 2017년부터 사업에 착수하기로 했다.

경기도 수원시는 장기 미집행 도시계획시설 가운데 공원부지 53개소, 795만6천640㎡를 실효제가 적용되는 2020년까지 공원으로 조성하기로 계획을 세우고 현재 모델사업으로 진행 중인 48만7천311㎡에 달하는 영통구 소재 영흥공원을 민간자본 유치방식으로 수목원을 조성하는 방안을 확정하고 추진 중이다.

경기도 성남시는 2016년 8월 2020 성남시 공원녹지 기본계획에 관한 시민 공청회를 개최했다.

현재 공원 장기 미집행 도시계획시설은 67곳의 1078만 7000㎡ 규모이고 이는 성남지역 전체 405곳의 공원·녹지 1912만 2000㎡

중 56.4%를 차지하고 있다.

공원 2곳과 녹지 2곳을 해제 후 잔여 63곳은 구역조정 검토 결과에 따라 변경할 예정이다.

충남 천안시는 노태공원을 민간공원조성사업 우선협상대상자로 IPC개발㈜를 선정하고, 노태산 일원 25만 5158㎡에 공원조성비 353억 원, 비공원 4245억 원 등 총 4598억 원의 사업비를 투입, 2019년까지 개발이 예정되어 있다.

청주시의 잠두봉공원(서원구 수곡동, 17만 6,990㎡)과 새적굴공원(청원구 내덕동, 13만 276㎡)의 개발 제안사는 리드산업개발㈜과 ㈜메이플로 2016년 8월 토지보상비 400억 원을 예치했고 2017년 1월부터 토지보상을 하고 하반기 착공을 계획하고 있다.

경남 김해시는 시내 도시계획구역으로 결정한 시설 중 20년 이상 집행하지 않는 계획시설을 연말까지 우선해제하기로 하고 우선해제 시설을 분류한 뒤, 시의회 의견을 듣고 도시관리계획 결정 등 행정절차를 밟는다.

경남 창원시는 전체 도시계획시설 7,391개 지역(1억360만 4,000㎡) 중 미집행시설은 1,351곳(1,942만 8,000㎡)으로 1,160개 지역(1,428만 1,000㎡)이 10년 이상 집행되지 않은 장기 미집행 도시계획시설이다. 분류별로는 도로(980곳·403만 7,000㎡), 공원(30곳·684만 1,000㎡), 기타(150곳·340만 3,000㎡) 등이다. 일몰제 적용 대상은 408곳(1,132만 4,000㎡)이며 도로(303곳·205만 3,000㎡), 공원(27곳·635만 8,000㎡), 기타(18곳·291만 3,000㎡) 등이다.

현재 장기 미집행 도시계획시설을 정비하기 위한 용역을 진행 중으로 2017년 결과에 따라 정비할 예정이다.

도시계획시설

'동방예의지국東方禮儀之國'

사전에는 '동쪽에 있는 예의에 밝은 나라라는 뜻으로, 예전에 중국에서 우리나라를 이르던 말'로 해석하고 있다. 예전 국사 시간에 이 단어를 배운 우리는 예의를 갖춘 민족으로 자랑스럽게 여기지만, 역설적으로 생각해보면 예의는 격식이 필요하고, 그 결과 타인에게 보여주기 위한 허례허식으로 인해 과다한 지출 발생이 되어 삶을 곤궁하게 만들기도 한다.

필자가 법학자는 아니지만, 간혹 법률에서도 이같이 허례허식 같아 보이는 법률이 눈에 보인다. 이런 법률은 대체 누구 때문에, 무엇을 위해 만들었는지 아리송할 때가 있다.

필자가 이런 느낌을 가장 많이 느끼는 때는 바로 선거철이다. 투표소 기표용지를 받아보면 누가 누군지도 모를뿐더러 이 정도까지 선거로 선출해야 하는지 아리송할 때가 있고 선거 남용, 예산 낭비가 아닌가 하는 의구심이 들기까지 한다.

독자 중에선 필자의 이런 사고가 민주주의에 대한 의식 결여라고 비판하시는 분들이 있을지도 모르겠다. 하지만 이는 겸허히 받아들인다.

또다시 선거철이 돌아와 기표용지를 받아보면 아리송한 생각이 들지 모르겠지만, 자유선거는 분명 민주주의에 필요한 기본요소임은 분명하다.

부동산에서도 선거와 같이 필요한 요소로 도시주민의 생활이나 도시 기능의 유지에 필요한 시설을 갖추어야 하며 이를 기반시설이라 하고 다음과 같이 분류한다.

Point

▷ 도로·철도·항만·공항·주차장 등 교통시설

▷ 광장·공원·녹지 등 공간시설

▷ 유통업무설비, 수도·전기·가스공급설비, 방송·통신시설, 공동구 등 유통·공급시설

▷ 학교·운동장·공공청사·문화시설 및 공공 필요성이 인정되는 체육 시설 등 공공·문화체육 시설

▷ 하천·유수지·방화설비 등 방재시설

▷ 화장시설·공동묘지·봉안시설 등 보건위생시설

▷ 하수도·폐기물처리시설 등 환경기초시설

실무에서는 기반시설 혹은 도시계획시설, 공공시설 등으로 혼용 사용되어 초보 투자자들은 이를 동일시하기도 하지만 이를 명확히

구분하자면 도시계획시설은 기반시설 중 도시관리계획으로 결정된 시설이며, 공공시설은 기반시설 중 도로·공원·철도·수도 등이 해당된다.

이 말 역시 그 말이 그 말처럼 보이겠지만 기반시설이 단순한 시설 자체를 의미한다면, 도시계획시설은 그 기반시설의 설치가 도시관리계획의 규정된 절차를 통해 계획으로 결정되어 법적인 의미를 지니게 되었다는 것을 의미한다. 도시계획법에 따르면 지상·수상·공중·수중 또는 지하에 기반시설을 설치하려면 그 시설의 종류·명칭·위치·규모 등을 미리 도시관리계획으로 결정하도록 하고 있다.* 그리고 그 설치로 인해 토지나 건물의 소유권 행사에 제한을 받게 되면 이에 대해 보상을 하도록 하고 있어 기반시설의 대상 토지는 토지보상경매의 투자 대상이 된다.

더욱이 도시계획시설사업은 전국 각 지방자치단체가 억 소리 나는 예산으로 매년 실시하고 있어 토지보상을 활용하는 투자자 입장에서는 국가 권력을 매수자로 하는 갈증을 채워줄 마르지 않는 샘이다.

인생살이에서는 목마른 자가 샘을 판다고 하지만 국가는 절대 갑인지라 그 샘을 언제 팔지 알 수 없다. 그러므로 우물을 언제 팔지 확인해두어야 한다. 다행히 그 시기를 단계별 집행계획이란 이름으로 알려주고 있다. 단계별 집행계획은 뒤에서 다루고 있으므로 이를 참조하기 바란다.

---

* 모든 기반시설의 설치를 도시관리계획으로 결정해야 하는 것은 아니다.

【참고 17】도시계획시설의 종류(53개)

구 분	시 설 명
교통시설(10개)	도로, 철도, 항만, 공항, 주차장, 자동차정류장, 궤도, 운하, 자동차 및 건설 기계검사시설, 자동차 및 건설기계운전학원
공간시설(5개)	광장, 공원, 녹지, 유원지, 공공공지
유통·공급시설(9개)	유통업무설비, 수도공급설비, 전기공급설비, 가스공급설비, 열공급설비, 방송·통신시설, 공동구, 시장, 유류저장 및 송유설비
공공·문화체육시설 (10개)	학교, 운동장, 공공청사, 문화시설, 공공필요성이 인정되는 체육시설, 연구시설, 공공직업훈현시설, 도서관, 사회복지시설, 청소년수련시설
방재시설(8개)	하천, 유수지, 저수지, 방화설비, 방풍설비, 방수설비, 사방설비, 방조설비
보건위생시설(7개)	화장시설, 공동묘지, 봉안시설, 자연장지, 도축장, 장례식장, 종합의료시설
환경기초시설(4개)	하수도, 폐기물처리시설, 수질오염방지시설, 폐차장

【참고 18】 도시계획시설사업 실시계획 인가 절차

1. 도시계획시설사업의 시행자 지정 신청(사업시행자→인가권자) 법 제86조 5항	**1. 시행자 시정 신청(령 제96조1)** • 사업 종류의 명칭 ・ 사업시행자 성명 및 주소 • 토지 및 건물 조서 ・ 착수 및 준공예정일 • 자금조달계획
2. 도시계획시설사업 시행자 지정 고시 법 제86조 6항	**2. 시행자 지정 고시(규칙 제14조)** • 도시계획시설사업시행자 지정내용의 고시는 광역시장이 하는 경우에는 당해 자치단체의 공보에 다음 각호의 사항을 게재 ① 사업시행지의 위치 ② 사업의 종류 및 명칭 ③ 사업시행면적 또는 규모 ④ 사업시행자의 성명 및 주소 ⑤ 도시계획시설사업에 대한 실시계획인가 신청기일
3. 도시계획시설사업 실시계획 작성 및 신청서류 제출 법 제88조 1항	**3. 실시계획인가 신청서(령 제97조 1항, 규칙 제15)** • 사업시행지의 위치도 및 계획평면도 • 공사설계도서 • 수용 또는 사용할 토지 및 건물 조서 • 공공시설의 조서 및 도면(행정청이 하는 경우) • 용도폐지되는 국공유 재산의 2인이상의 감정평가서 (행정청이 시행하지 아니하는 경우) • 공공시설의 조서 및 도면과 그 설치비용계산서 (행정청이 아닌 경우)
4. 실시계획 서류 열람 (주민 의견 청취) 법 제90조	**4. 서류열람(령 제99조 1항)** • 실시 계획을 인가하고자 하는 때는 실시계획 서류를 공고하고, 관련서류의 사본 20일 이상 일반인이 열람 　- 인가신청의 요지 　- 열람의 일시 및 장소
5. 관계행정기관의 장과 협의 법 제92조 3항	**5. 인·허가 등의 의제** • 관련법에 대한 인·허가 등의 의제를 받고자 하는 자는 실시계획인가 신청시 관련서류 함께 제출 　- 인·허가가 의제되는 법률 • 별첨 법률과 관계되는 행정기관의 장과 협의
6. 도시계획시설사업 실시계획 인가 고시 법 제91조	**6. 실시계획의 고시** • 사업시행지의 위치 ・ 사업의 종류 및 명칭 • 면적 또는 규모 ・ 시행장의 성명 및 주소 • 사업의 착수 예정일 및 준공예정일 • 수용 또는 사용할 토지 조서 • 공공시설 등의 귀속 및 양도에 관한 사항 ※ 실시계획고시를 한 경우 관계행정기관의 장에게 통보

【참고 19】 도시계획시설의 관련법

도시·군계획시설(53)		관 련 법
교통 시설 (10)	도로	고속국도법, 도로법, 도시교통정비촉진법, 자전거이용 활성화에 관한 법률
	주차장	주차장법
	자동차정류장	여객자동차운수사업법, 물류시설의 개발 및 운영에 관한 법률, 화물자동차운수사업법, 해운법, 국가종합교통체계효율화법
	철도	철도건설법, 도시철도법, 한국철도시설공단법, 한국철도공사법
	궤도	궤도운송법
	운하	–
	항만	항만법, 어촌·어항법, 마리나항만의 조성 및 관리등에 관한 법률
	공항	항공법
	자동차 및 건설기계 검사시설	자동차관리법, 건설기계관리법
	자동차 및 건설기계 운전학원	도로교통법, 학원의 설립·운영 및 과외교습에 관한 법률
공간 시설 (5)	광장	
	공원녹지	도시공원 및 녹지 등에 관한 법률
	유원지	관광진흥법
	공공공지	–
유통 및 공급 시설 (9)	시장	유통산업발전법, 농수산물 유통 및 가격안정에 관한 법률, 축산법
	유통업무설비	유통산업발전법, 자동차관리법, 물류시설의 개발 및 운영에 관한 법률, 축산물위생처리법, 농수산물 유통 및 가격안정에 관한 법률, 여객자동차운수사업법, 철도법, 항만법
	수도공급설비	수도법
	공동구	소방시설 설치유지 및 안전관리에 관한 법률
	전기공급설비	전기사업법, 신에너지 및 재생에너지 개발이용보급 촉진법
	가스공급설비	고압가스 안전 관리법, 도시가스사업법, 액화석유가스의 안전관리 및 사업법
	유류저장 및 송유설비	석유 및 석유대체연료사업법, 송유관안전관리법, 위험물안전관리법
	열공급설비	집단에너지사업법
	방송통신시설	전기통신사업법, 전파법, 방송법

	운동장	체육시설의 설치 이용에 관한 법률
공공 문화 체육 시설 (10)	공공청사	-
	학교	유아교육법, 초·중등교육법, 고등교육법, 경제자유구역 및 제주국제자유도시의 외국교육기관 설립·운영에 관한 특별법
	도서관	도서관법
	연구시설	-
	문화시설	공연법, 박물관 및 미술관 진흥법, 지방문화원진흥법, 문화예술진흥법, 과학관육성법
	사회복지시설	사회복지사업법
	공공직업훈련시설	근로자직업능력 개발법
	청소년수련시설	청소년활동진흥법
	체육시설	체육시설의 설치 이용에 관한 법률
방재 시설 (8)	하천	하천법, 소하천정비법
	저수지	하천법, 댐건설 및 주변 지역 지원 등에 관한 법률
	방풍설비	-
	방수설비	하천법, 소하천정비법, 하수도법
	방화설비	소방시설 설치유지 및 안전관리에 관한 법률
	사방설비	사방사업법
	방조설비	항만법, 어촌·어항법, 방조제관리법
	유수지	-
보건 위생 시설 (7)	도축장	축산물위생관리법
	공동묘지·화장시설 장례식장·봉안시설 자연장지·장례식장	장사 등에 관한 법률
환경 기초 시설 (4)	하수도	하수도법
	폐기물처리시설	폐기물관리법, 자원의 절약과 재활용 촉진에 관한 법률, 건설폐기물의 재활용 촉진에 관한 법률
	수질오염방지시설	수질 및 수생태계 보전에 관한 법률, 하수도법, 가축분뇨의 관리 및 이용에 관한 법률, 광산피해의 방지 및 복구에 관한 법률, 석탄산업법
	폐차장	자동차관리법

1. 도시계획시설의 종류

▨ **교통시설**(도로)

도로는 두 지점 간의 사람 물자 등의 원활한 이동을 위해 설치하는 주요 시설이며, 걸어서 이동하기 위한 보도와 자동차의 이동을 위한 차도 등을 모두 포함하는 개념이다.

법률적으로 도로는 건축법·국토계획법률·도로법·사도법 등 다양한 법률에 따라 구분되고 있다.

Point

▷ **사용·형태별 분류**

일반도로, 자동차 전용도로, 보행자 전용도로, 자전거 전용도로, 고가도로, 지하도로

▷ **규모별 분류**

광로 > 대로 > 중로 > 소로

▷ **기능별 분류**

주간선도로, 보조간선도로, 집산도로, 국지도로, 특수도로

▨ **도시계획도로**

도시계획시설로서의 도로는 국토계획법에서 기반시설 중 교통시설의 하나로 정의되며 다음과 같이 구분된다.

① 사용 및 형태별 구분

: 일반도로 :

폭 4m 이상의 도로로 통상의 교통소통을 위해 설치되는 도로

: 자동차 전용도로 :

특별시·광역시·시 또는 군 내 주요지역 간이나 시·군 상호 간에 발생하는 대량 교통량을 처리하기 위한 도로로, 자동차만 통행할 수 있도록 하기 위해 설치하는 도로

: 보행자 전용도로 :

폭 1.5m 이상의 도로로 보행자의 안전하고 편리한 통행을 위해 설치하는 도로

: 자전거 전용도로 :

폭 1.1m(길이가 100m 미만인 터널 및 교량의 경우에는 0.9m) 이상의 도로로 자전거의 통행을 위해 설치하는 도로

: 고가도로 :

시·군내 주요지역을 연결하거나 시·군 상호 간을 연결하는 도로로 지상 교통의 원활한 소통을 위해 공중에 설치하는 도로

: 지하도로 :

시·군내 주요지역을 연결하거나 시·군 상호 간을 연결하는 도로

로 지상 교통의 원활한 소통을 위해 지하에 설치하는 도로(도로·광장 등의 지하에 설치된 지하 공공보도 시설을 포함한다). 다만, 입체교차를 목적으로 지하에 도로를 설치하는 경우는 제외한다.

② 규모별 구분

:광로:

· 1류 : 폭 70m 이상인 도로
· 2류 : 폭 50m 이상 70m 미만인 도로
· 3류 : 폭 40m 이상 50m 미만인 도로

:대로:

· 1류 : 폭 35m 이상 40m 미만인 도로
· 2류 : 폭 30m 이상 35m 미만인 도로
· 3류 : 폭 25m 이상 30m 미만인 도로

:중로:

· 1류 : 폭 20m 이상 25m 미만인 도로
· 2류 : 폭 15m 이상 20m 미만인 도로
· 3류 : 폭 12m 이상 15m 미만인 도로

:소로:

· 1류 : 폭 10m 이상 12m 미만인 도로
· 2류 : 폭 8m 이상 10m 미만인 도로

· 3류 : 폭 8m 미만인 도로

③ 기능별 구분

: 주간선도로 :

시·군내 주요지역을 연결하거나 시·군 상호 간을 연결해 대량통
과교통을 처리하는 도로로 시·군의 골격을 형성하는 도로

: 보조간선도로 :

주간선도로를 집산도로 또는 주요 교통발생원과 연결해 시·군 교
통의 집산 기능을 하는 도로로 근린주거구역의 외곽을 형성하는 도로

: 집산도로 :

근린주거구역의 교통을 보조간선도로에 연결해 근린주거구역 내
교통의 집산 기능을 하는 도로로 근린주거구역의 내부를 구획하는
도로

: 국지도로 :

가구*를 구획하는 도로

: 특수도로 :

보행자전용도로·자전거전용도로 등 자동차 외의 교통에 전용되는
도로

---

* 도로로 둘러싸인 일단의 지역

▨ 공간시설(공원)

공간시설은 주로 주민들의 복지나 오락 및 휴양, 경관의 유지, 환경보호를 목적으로 하는 시설로, 광장·공원·녹지·유원지와 같이 건물이 없는 공간을 말한다.

공원의 사전적 의미는 국가나 지방 공공 단체가 공중의 보건·휴양·놀이 따위를 위해 마련한 정원·유원지·동산 등의 사회 시설이라고 되어 있으나 법률에 따라 구분하는 경우, 도시공원 및 녹지에 관한 법률(이라 도시공원법)에 의거한 도시공원과 자연공원법에 의한 국립공원 등으로 구분할 수 있다.

여기에서 장기 미집행 도시계획시설 중 공원은 국토계획법 및 도시공원법의 규정에 따라 설치되는 도시계획시설로, 도시공원은 도시지역 안에서 도시 자연경관의 보호와 시민의 건강 등 정서 생활 향상에 기여하기 위해 도시관리계획으로 결정된 공원을 말한다.

이 책의 서술 대상인 장기 미집행 도시계획시설은 근린공원 등과 같은 도시공원에 한정되므로 자연공원법에 의해 지정되는 국립공원·도립공원 및 군립공원은 제외하도록 한다.

도시공원은 그 기능 및 주제에 따라 크게 도시생활권의 기반이 되는 생활권공원과 생활권공원 외에 다양한 목적으로 설치하는 주제공원으로 구분하며, 지방자치단체의 조례로 주제공원을 다양하게 정할 수 있다.

생활권공원

▷ 소공원(소규모 토지를 이용해 도시민의 휴식 및 정서 함양을 도모하기 위해 설치하는 공원)

▷ 어린이공원(어린이의 보건 및 정서 생활의 향상에 이바지하기 위해 설치하는 공원)

▷ 근린공원(근린거주자 또는 근린생활권으로 구성된 지역생활권 거주자의 보건·휴양 및 정서 생활의 향상에 이바지하기 위해 설치하는 공원)으로 구분되고 근린공원은 다시 근린생활권 근린공원, 도보권 근린공원, 도시지역권 근린공원, 광역권 근린공원으로 세분된다.

주제공원

▷ 역사공원(도시의 역사적 장소나 시설물, 유적·유물 등을 활용해 도시민의 휴식·교육을 목적으로 설치하는 공원)

▷ 문화공원(도시의 각종 문화적 특징을 활용해 도시민의 휴식·교육을 목적으로 설치하는 공원)

▷ 수변공원(도시의 하천가·호숫가 등 수변공간을 활용해 도시민의 여가·휴식을 목적으로 설치하는 공원)

▷ 묘지공원(묘지 이용자에게 휴식 등을 제공하기 위해 일정한 구역에 '장사 등에 관한 법률' 2조7호에 따른 묘지와 공원시설을 혼합해 설치하는 공원)

▷ 체육공원(주로 운동경기나 야외활동 등 체육 활동을 통해 건전한 신체와 정신 배양을 목적으로 설치하는 공원)

▷ 도시농업공원(도시민의 정서 순화 및 공동체 의식 함양을 위해 도시농업을 주된 목적으로 설치하는 공원)

▷ 그밖에 특별시·광역시·특별자치시·도·특별자치도 또는 인구 50만 이상 대도시의 조례로 정하는 공원으로 구분된다.

위의 도시공원은 장기 미집행시설의 일몰제에 모든 공원이 해당하지만 주로 생활권 공원 중 대부분 근린공원으로 지정된 경우가 많으므로 본서에서 지칭하는 공원은 근린공원으로 해석하기 바란다.

2. 기타 도로의 분류

▨ 감정평가에 의한 분류

구 분	표 기	내 용
광대로 한면	광대한면	폭 25m 이상의 도로에 한 면이 접하고 있는 토지
광대로-광대로 광대로-중로 광대로-소로	광대소각	광대로에 한 면이 접하고 소로(폭 8m 이상 12m 미만) 이상의 도로에 한 면 이상 접하고 있는 토지
광대로-세로(가)	광대세각	광대로에 한 면이 접하면서 자동차 통행이 가능한 세로(폭 8m 미만)에 한 면 이상 접하고 있는 토지
중 로 한 면	중로한면	폭 12m 이상 25m 미만 도로에 한 면이 접하고 있는 토지
중로 – 중로 중로 – 소로 중로 – 세로	중로각지	중로에 한 면이 접하면서 중로, 소로, 자동차 통행이 가능한 세로(가)에 한 면 이상이 접하고 있는 토지
소 로 한 면	소로한면	폭 8m 이상 12m 미만의 도로에 한 면이 접하고 있는 토지
소로 – 소로 소로 – 세로	소로각지	소로에 두면 이상이 접하거나 소로에 한 면이 접하면서 자동차 통행이 가능한 세로(가)에 한 면 이상 접하고 있는 토지
세 로 한 면 (가)	세로(가)	자동차 통행이 가능한 폭 8m 미만의 도로에 한 면이 접하고 있는 토지

세로 – 세로 (가) (가)	세각(가)	자동차 통행이 가능한 세로에 두 면 이상이 접하고 있는 토지
세 로 한 면 (불)	세로(불)	자동차 통행이 불가능하나 리어카나 경운기의 통행이 가능한 세로에 한 면이 접하고 있는 토지
세로 – 세로 (불) (불)	세각(불)	자동차 통행이 불가능하나 경운기의 통행이 가능한 세로에 두면 이상 접하고 있는 토지
맹지	맹지	경운기의 통행이 불가능한 토지

▨ 도로법에 의한 분류

도로법에서 도로는 차도, 보도步道, 자전거도로, 측도側道, 터널, 교량, 육교 등 시설로 구성된 것으로, 도로의 부속물을 포함하며 다음과 같이 구분하고 있다.

① 고속국도

보편적으로 고속도로라고 하며 자동차 교통망의 중추 부분에 속하는 중요도시를 연결하는 자동차전용의 도로로, 대통령령에 의해 그 노선이 지정된 도로

② 일반국도

중요도시, 지정항만, 중요한 비행장 또는 관광지 등을 연결하며 고속국도와 함께 국가 기간도로망을 이루는 도로로, 대통령령으로 그 노선이 지정된 도로

③ 특별시도, 광역시도

특별시, 광역시 구역 안의 도로로, 특별시장 또는 광역시장이 그 노선을 인정한 도로

④ **지방도**

지방의 간선도로망을 이루는 아래에 해당하는 도로로, 관할 도지사가 노선을 인정하는 도로

Point

> ▷ 도청소재지로부터 시 또는 군청 소재지에 이르는 도로
> ▷ 시 또는 군청 소재지 상호 간을 연결하는 도로
> ▷ 도내의 비행장, 항만, 역 또는 이와 밀접한 관계가 있는 지역을 상호연락하는 도로
> ▷ 도내의 비행장, 항만, 역에서 이와 밀접한 관계가 있는 고속국도, 국도 또는 지방도를 연결하는 도로
> ▷ 전 각호 이외의 도로로 지방의 개발을 위한 도로

⑤ **시도**

시내의 도로로, 관할 시장이 그 노선을 인정한 도로

⑥ **군도**

군내의 도로로 관할 군수가 그 노선을 인정한 도로 및 동간을 연결하는 도로로 구청장이 그 노선을 인정한 도로

2015 타경 ••• (임의)	물번3 [배당종결] ∨	매각기일 : 2015-11-24 10:00~ (화)	경매6계 032-320-1136

소재지	(100-42) 경기도 김포시 대곶면 [도로명주소] 경기도 김포시 대곶서로88번길				
현황용도	답	채권자	검단신용협동조합	감정가	32,368,000원
토지면적	112㎡ (33.88평)	채무자	●●●	최저가	(63%) 20,384,000원
건물면적		소유자	●●●	보증금	(10%)2,039,000원
제시외		매각대상	토지만매각	청구금액	270,000,000원
입찰방법	기일입찰	배당종기일	2015-03-13	개시결정	2015-01-06

기일현황 ▼건물보기

회차	매각기일	최저매각금액	결과
신건	2015-06-11	32,368,000원	유찰
	2015-07-16	22,658,000원	변경
2차	2015-08-04	29,120,000원	유찰
	2015-09-08	20,384,000원	변경
2차	2015-10-20	29,120,000원	유찰
3차	2015-11-24	20,384,000원	매각

●●●/입찰10명/낙찰28,000,000원(87%)
2등 입찰가 : 26,010,000원

2015-12-01	매각결정기일	변경
2016-01-05	매각결정기일	허가
2016-02-12	대금지급기한 납부	납부 (2016.01.19)
2016-05-26	배당기일	완료

배당종결된 사건입니다.

변경공고 ▸ 변경일자 : 2015-09-03

변경내용	2015.09.03. 변경 후 추후지정

감정평가현황 ▸ 다솔감정 , 가격시점 : 2015-01-15   🔍 감정평가서

토지	건물	제시외건물(포함)	제시외건물(제외)	기타(기계기구)	합계
32,368,000원	×	×	×	×	32,368,000원
비고	※ 감정평가서상 제시외건물가격이 명시 되어있지않음. 입찰시 확인요함.				

토지현황   🔍 토지이용계획/공시지가   🔍 부동산정보 통합열람

	지번	지목	토지이용계획	비교표준지가	면적	단가(㎡당)	감정가격	비고
1	약암리 291	답	생산관리지역	128,000원	112㎡ (33.88평)	289,000원	32,368,000원	
기타	산음마을 북동측 부근에 소재 / 주위는 농경지와 소규모공장 임야등이 혼재 / 본건 근거리에 버스정류장이 소재 / 부정형토지 / 콘크리트포장도로 및 비포장도와 접함							

* 스피드옥션(www.speedauction.co.kr) 제공

지목	답	면적	112 ㎡
개별공시지가 (㎡당)	99,300원 (2016/01)		

지역지구등 지정여부	「국토의 계획 및 이용에 관한 법률」에 따른 지역·지구등	생산관리지역 , 대로2류(폭 30M~35M)(대공대로2-1호선(주간선도로))
	다른 법령 등에 따른 지역·지구등	군사기지 및 군사시설 보호구역(육군17사단관할지역)<군사기지 및 군사시설 보호법> , 제한보호구역(전방지역:25km)(위탁지역8m)<군사기지 및 군사시설 보호법> , 도로구역(국지도84호선)<도로법> , 성장관리지역<산업집적활성화 및 공장설립에 관한 법률> , 성장관리권역<수도권정비계획법> , 온천원보호지구(보존지역 , 도시계획과 확인요망)<온천법>
	「토지이용규제 기본법 시행령」 제9조제4항 각 호에 해당되는 사항	<추가기재> 본증명은간혹전산오류로인하여 사실과다를수있으니인허가나토지거래전등지역지구등 의편입여부를반드시관계부서에확인받으시기바랍니다.

확인도면	범례
	□ 보전산지 □ 준보전산지 □ 성장관리권역 □ 대로2류(폭 30M~35M) □ 보전관리지역 □ 생산관리지역 □ 성장관리지역 □ 접도구역 □ 임업용산지 □ 도로구역 ■ 법정동 ■ 농림지역

축척 1/ 1200 축척변경

🔍 도면 크게보기

장기 미집행 도시계획시설 일몰제

도시의 건전한 발전을 유도하고 시민의 경제, 사회활동을 원활하게 지원하기 위해 도로·공원·녹지·학교·광장·유원지 등 도시관리계획으로 고시한 시설을 도시계획시설이라 한다. 도시계획시설로 지정된 토지에는 시설 설치에 지장을 주는 건축물을 짓거나 공작물을 설치하지 못하도록 하는 토지사용의 제한을 받게 되어 시설토지 소유주의 재산권 행사에 막대한 영향을 미치게 된다.

그럼에도 지방자치단체는 예산 부족 등 재정능력이 취약한데도 불구하고 과다하게 시설을 결정했고, 결정 후에도 도시구조변화로 설치 필요성이 무의미해지거나 불합리한 시설은 폐지해야 함에도 특혜시비, 감사를 우려해 내버려두는 등 개인재산권 침해에 대해 안이하게 생각하는 경향이 있었다.

이런 문제로 토지소유주들의 지속적인 민원제기가 있었다. 결국 토시 계획시설의 결정 고시로 인한 토지 재산권의 제약에 따른 손실보상 규정을 두지 아니한 도시계획법은 헌법의 재산권 보장 정당보상원칙 등에 위배되고 토지소유주의 재산권을 과도하게 침해한다는 이유의 헌법소원 청구가 제기되었고 헌법재판소의 헌법불합치결정(1999. 10. 21. 97헌바26 전원재판부)에 이르게 되었다.

장기 미집행 도시계획시설의 일몰 기간인 2020년 7월 1일로 예정된 휴거일이 다가옴에 따라 경매 시장은 그날만 되면 무조건 해제 휴거가 일어나 행위제한이 풀려 토지가격은 무조건 상승할 것으로 확신하는 부동산신자들 덕분에 뜨겁게 달아오르고 있다.

필자가 기독교를 믿는 신앙인이 아니므로 휴거 운운하며 종교적 용어를 쓰는 것이 결례가 될지도 모르겠다. 그러나 당시 이단으로 보이는 단체가 노스트라다무스의 예언대로 1999년 지구의 종말과 휴거가 일어날 것으로 기대하고 한 장소에 모여 이를 대비하는 뉴스 영상이 도시계획시설의 일몰 시간만을 기다리는 투자자와 교차되어 생각나는 이유는 무엇일까.

물론 2020년 7월이 오면 도시계획시설 토지의 휴거가 될 것인지 안 될 것인지에 대한 판가름이 나겠지만, 가슴 아프게 극과 극으로 대비를 하며 송곳과 같은 글을 쓰는 이유는 모든 토지가 휴거가 될 것이라는 절대적 맹신은 금물이라는 점을 알려드리기 위함이다.

만약 모든 미집행시설이 2020년 7월 가격 폭등이라는 휴거가 일어난다면 부동산 강사 명함을 내리고 더욱 도를 닦는 데 매진을 해야 하겠지만, 현재까지 쌓아온 허접스러운 부동산 지식으로 볼 때 모든 미집행해제시설이 휴거의 대상이 아님은 예견할 수 있다.

그렇다면 독자들은 어떤 도시계획시설에 눈길을 주어야 할까? 첫 번째로 반드시 설치해야 하는 시설로써 토지보상을 해야 하는 토지,

두 번째는 토지 민간사업으로 진행되는 시설토지, 세 번째는 다른 법령에 의해 중복 지정을 받지 않는 시설토지, 네 번째로는 도로에 접한 토지, 그리고 마지막으로 즉시 건축이 가능한 토지가 투자 우선순위로 하는 도시계획시설 토지이다. 이는 경매 대상 물건으로 삼기를 권장한다.

이를 판단하기 위해 선행해야 하는 것은 해제대상의 해당 여부로 일몰에 해당하는 토지와 일몰과 관계없는 토지의 활용법이 달라지므로 일몰 기준의 적용 여부를 파악하는 일이 우선이다.

이 책의 뒷부분에 첨부한 장기 미집행시설 일몰의 기준이 되는 가이드라인은 2014년 9월에 열린 대통령 주제 2차 규제개혁장관회의 이후 장기 미집행 해제가이드라인이 배포되었고, 그 내용에 따라 각 지자체는 여건을 고려해 장기 미집행시설을 분류하고 불합리하거나 집행 가능성이 없는 시설은 재검토해 해제하거나 조정하는 기준이 되고 있다. 따라서 장기 미집행 도시계획시설에 투자 활용하려는 투자자는 정부가 제시한 가이드라인을 정독해 기준을 파악하고 있어야 한다.

가이드라인의 적용대상은 도시·군계획시설 결정 고시일부터 10년 이내에 그 시설의 설치에 관한 사업이 시행되지 아니한 모든 도시계획시설을 대상으로 하고 있지만, 필요시 고시일로부터 10년 미만의 시설도 일부 포함될 수 있다.

해제가 검토되는 대상 시설의 범위는 단계별 집행계획 수립 시점을 기준으로, 가이드라인에 따라 단계별 집행계획을 수립 또는 재수립하는 날 현재 장기 미집행 도시계획시설에 해당하는 모든 도시계획시설이 해당된다.

- 사인의 토지가 도로, 공원, 학교 등 도시·군계획시설로 지정된다는 것은, 당해 토지가 매수될 때까지 시설예정부지의 가치를 상승시키거나 계획된 사업의 시행을 어렵게 하는 변경을 해서는 안 된다는 내용의 '변경금지의 무'를 토지소유자에게 부과하는 것을 의미한다.

- 도시·군계획시설의 지정으로 당해 토지의 이용 가능성이 배제되거나 토지 소유자가 토지를 종래 허용된 용도대로 사용할 수 없으므로 이로 말미암아 현저한 재산적 손실이 발생할 때는, 원칙적으로 사회적 제약의 범위를 넘는 수용적 효과를 인정해 국가나 지방자치단체는 이에 대해 보상해야 한다.

- 도시·군계획시설로 지정된 토지가 나대지인 경우, 토지소유자는 더는 그 토지를 종래 허용된 용도(건축)대로 사용할 수 없게 됨으로써 토지의 매도 가 사실상 거의 불가능하고 경제적으로 의미 있는 이용 가능성이 배제됨. 이러한 경우, 사업시행자에 의한 토지매수가 장기간 지체되어 토지소유자 에게 토지를 계속 보유하도록 하는 것이 경제적인 관점에서 보아 더 이상 요구될 수 없다면, 입법자는 매수청구권이나 수용신청권의 부여, 지정의 해 제, 금전적 보상 등 다양한 보상 가능성을 통해 재산권에 대한 가혹한 침해 를 적절하게 보상해야 한다.

- 도시·군계획시설의 시행 지연으로 인한 보상의 문제는 도시·군계획사업이 국가 및 지방자치단체에 의해 이행되어야 할 필요적 과제이자 중요한 공익 이라고 하는 관점과 다른 한편 도시·군계획시설의 시행이 지연됨으로 말미

암아 재산적 손실을 보는 토지소유자의 이익(헌법상의 재산권)을 함께 고려해 양 법익이 서로 조화와 균형을 이루도록 해야 한다.

· 입법자는 도시·군계획사업도 가능하게 하면서 국민의 재산권 또한 존중하는 방향으로, 재산권의 사회적 제약이 보상을 필요로 하는 수용적 효과로 전환되는 시점, 즉 보상의무가 발생하는 시점을 확정해 보상규정을 두어야 함. 토지 재산권의 강화된 사회적 의무와 도시계획의 필요성이란 공익에 비추어 일정한 기간까지는 토지소유자가 도시·군계획시설 결정의 집행지연으로 인한 재산권의 제한을 수인해야 하지만 일정 기간이 지난 뒤에는 입법자가 보상규정의 제정을 통해 과도한 부담에 대한 보상을 하도록 함으로써 도시·군계획시설 결정에 관한 집행계획은 비로소 헌법상의 재산권 보장과 조화될 수 있다.

· 입법자는 토지 재산권의 제한에 관한 전반적인 법체계, 외국의 입법례 등과 기타 현실적인 요소들을 종합적으로 참작해 국민의 재산권과 도시·군계획사업을 통하여 달성하려는 공익 모두를 실현하기에 적정하다고 판단되는 기간을 정해야 함. 그러나 어떠한 경우라도 토지의 사적 이용권이 배제된 상태에서 토지소유자가 10년 이상을 아무런 보상 없이 수인하도록 하는 것은 공익실현의 관점에서도 정당화될 수 없는 과도한 제한으로 헌법상의 재산권 보장에 위배된다고 보아야 한다.

· 이 사건의 경우, 도시계획을 시행하기 위해서는 계획구역 내의 토지소유자에게 행위 제한을 부과하는 법규정이 필요한데, 헌법재판소가 위헌결정을 통해 당장 법률의 효력을 소멸시킨다면 토지 재산권의 행사를 제한하는 근

거 규범이 존재하지 않게 됨으로써 도시계획이라는 중요한 지방자치단체 행정의 수행이 수권 규범의 결여로 말미암아 불가능하게 됨. 도시계획은 국가와 지방자치단체의 중요한 행정으로 잠시도 중단되어서는 안 되기 때문에 이 사건 법률조항을 입법개선 시까지 잠정적으로 적용하는 것이 바람직하다고 판단됨.

【참고 21】 장기 미집행 도시·군계획시설 해제 가이드라인

제1장 총 칙

제1절 목적

본 가이드라인은 「국토의 계획 및 이용에 관한 법률」 제25조에 의해 결정된 도시·군계획시설 중 시행령 제19조제9호에 따라 규모 등이 도시·군의 여건 변화로 인해 현시점에서 불합리하거나 집행 가능성이 없는 시설을 재검토해 해제하거나 조정함으로써 토지이용의 활성화를 도모하는 데 있다.

제2절 가이드라인의 성격과 의의

1. 본 가이드라인은 「국토의 계획 및 이용에 관한 법률」 제25조에 의해 결정된 도시·군계획시설 중 결정 고시 후 10년 이상 장기 미집행된 도시·군계획시설의 해제를 위한 방향과 기준을 제시한 것으로, 도시·군계획시설의 필요성과 집행 가능성 등을 재검토해 도시·군계획시설에 대한 도시·군관리계획을 입안하거나 결정할 때는 본 가이드라인을 따라야 한다.

2. 가이드라인은 장기 미집행시설의 자동 실효에 대비해 도시 기능을 유지하기 위한 객관적인 기준과 합리적인 절차를 제공하고, 도시·군관리계획 결정 과정에서 나타나는 문제점을 최소화하는 것에 의의가 있다.

제3절 적용대상 및 범위

1. 적용대상은 도시·군계획시설 결정 고시일부터 10년 이내에 그 시설의 설치에 관한 사업이 시행되지 아니한 모든 도시·군계획시설을 대상으로 하고, 필요 시 고시일로부터 10년 미만의 시설도 일부 포함할 수 있다.

2. 해제가 검토되는 대상 시설의 범위는 단계별 집행계획 수립 시점을 기준으로, 가이드라인에 따라 단계별 집행계획을 수립 또는 재수립하는 날 현재 장기 미집행 도시·군계획시설에 해당하는 모든 도시·군계획시설이다.

제4절 용어의 정의

1. '장기 미집행시설'이란 법 제48조 제1항에 따라 도시·군계획시설에 대한 도시·군관리 계획의 결정 고시일부터 10년 이내에 해당 도시·군계획시설의 설치에 관한 도시·군계획시설사업이 시행되지 아니한(실시계획의 인가나 그에 상당하는 절차가 진행된 경우는 제외한다) 도시·군계획시설을 말한다.

2. '우선해제시설'이란 도시·군계획시설사업을 시행할 경우 법적·기술적·환경적인 문제가 발생해 사업시행이 곤란한 장기 미집행시설을 말한다.

3. '재정적 집행 가능시설'이란 각 장기 미집행시설의 실효 시점 전까지 재정투입을 통해 집행되도록 단계별 집행계획이 수립된 시설을 말한다.

4. '비재정적 집행 가능시설'이란 국가 또는 지방자치단체의 재정사업으로 집행이 불가능한 시설을 대상으로 민간 투자 사업(사회기반시설에 대한 민간 투자법상 민자도로, 도시공원 및 녹지 등에 관한 법률상 민간공원 등)과 도시·군계획사업과의 연계 등을 통해 집행이 가능한 시설을 말한다.

5. '장기 미집행시설 정비'란 도시·군관리계획 입안권자가 본 가이드라인에 따라 장기 미집행시설의 해제 및 해제 이후 관리방안 등을 마련해 도시·군관리계획을 수립하는 것을 말한다.

6. 기타 본 가이드라인에서 사용하는 용어의 정의는 법령에서 정하는 바에 따른다.

제5절 구성

1. 본 가이드라인은 가이드라인의 적용, 해제기준, 관리방안, 장기 미집행시설 정비 절차로 구성된다.

2. 해제기준은 우선해제시설, 단계별 집행계획 그리고 비재정적 집행방안에 따라 각각 제시한다.

3. 관리방안은 장기 미집행시설의 정비를 통해 시설별 해제 및 관리기준을 정하고 해제 후 관리방안 등을 제시한다.

4. 장기 미집행시설 정비 절차는 해제를 위한 도시·군관리계획의 입안을 위한 사전 준비작업, 입안 및 결정에 관한 시기, 절차 등을 제시한다.

제6절 다른 법률과의 관계

1. 가이드라인에서 정하지 아니한 사항에 대하여는 「도시·군관리계획수립지침」(이하 '지침'이라 한다)을 적용한다.

2. 지역 실정 또는 당해 시설 부지의 여건 등으로 인해 가이드라인의 세부내용 중 일부에 대해 이를 그대로 적용하는 것이 불합리한 경우에는 「국토의 계획 및 이용에 관한 법률」 등 관계 법령의 범위 안에서 다르게 적용할 수 있다.

제2장 가이드라인의 적용

제1절 기본원칙

1. 기본적인 고려사항

   (1) 도시·군계획시설별로 설치 목적과 기능을 고려해 관리목표와 방향을 검토한다.

   (2) 장기 미집행시설 중 구성 비율이 높고 집행에 많은 예산이 소요되는 도로·공원을 중점적으로 검토한다.

   (3) 재정 투입을 통해 각 장기 미집행시설의 실효 시점 전까지 집행 가능한 시설은 중기재정계획과 연계해 집행계획을 수립함으로써 재원확보 및 우선순위를 정하고, 2020년 7월 1일 이후 미집행으로 인해 자동 실효되지 않도록 실효 시기 이전에 집행하도록 한다.

   (4) 재정투입을 통해 집행이 불가능한 장기 미집행시설은 그 결정으로 인해 예상되는 문제점을 미리 분석하고 관리방안을 수립하도록 한다.

   (5) 장기 미집행 도시·군계획시설 해제에 대한 장기 미집행시설 정비 절차를 진행할 때는 가급적 새로운 도시·군계획시설을 결정하지 않도록 하

며, 향후 새로운 시설을 결정할 때는 재원조달방안을 마련하는 등 구체적인 집행계획을 마련해야 한다.

2. 재검토 기준

(1) 미래개발 수요에 대비하기 위한 토지확보 차원에서 결정된 시설은 조정 및 해제한다(예, 시가지 개발을 전제로 용도지역 변경과 동시에 결정된 시설로서, 개발 지연으로 인하여 발생한 장기 미집행시설 등).

(2) 예산상 집행 가능성은 시설 부지의 보상 및 시설의 설치를 위한 재원조달 가능성을 시·군의 재정상황과 합리적 추정에 근거한 예측을 바탕으로 검토한다.

(3) 지방재정 여건상 실현 가능한 단계별 집행계획에 포함될 수 없는 시설은 원칙적으로 폐지를 검토한다.

(4) 민간 투자 사업과 도시·군계획시설과 연계된 사업으로 집행하는 비재정적 집행가능시설은 본 가이드라인에서 제시한 적용 기준을 엄격하게 준수해 분류한다.

제2절 가이드라인의 적용 순서

1. 장기 미집행시설 중 도시·군계획시설사업을 시행할 경우 법적·기술적·환경적인 문제가 발생해 사업시행이 곤란한 시설은 단계별 집행계획 수립 전까지 우선해제시설로 분류한다.

2. 우선해제시설을 제외한 모든 시설에 대해서 지자체의 재정능력, 필요성 등을 감안해 2015년 12월 31까지 단계별 집행계획을 수립해 공고한다.

3. 지방자치단체의 재정으로 집행이 불가능한 시설 중 비재정적 집행가능시설에 대해서는 가이드라인에서 제시한 기준에 따라 집행계획을 수립해 단계별 집행계획에 반영하도록 한다.

4. 우선해제시설 및 단계별 집행계획상 집행이 불가능한 시설은 장기 미집행 시설 정비 절차를 이행한다.

제3장 해제기준

제1절 우선해제시설 분류에 따른 해제기준

1. 공통기준

　(1) 「도시·군계획시설의 결정·구조 및 설치기준에 관한 규칙」및 관계법령에 의한 입지 및 규모기준에 부적합한 경우

　(2) 방재 관련 도시·군계획시설 사업을 제외한 도시·군계획시설 사업시행시, 종·횡단 단차가 극심하여 지형 조건상 당해 시설 설치가 불가능한 경우(예, 「자연재해대책법」 제12조의 자연재해위험개선지구, 「급경사지 재해예방에 관한 법률」 제6조의 붕괴 위험지역, 「산림보호법」 제45조의8의 산사태 취약지역, 「연안관리법」 제19조의 재해관리구 등 법정 재해위험지구·지역에 해당하는 경우)

　(3) 도시·군계획시설의 설치나 공사로 인해 환경·생태적으로 양호한 자연환경을 심하게 훼손할 것으로 예상되는 경우(예, 국토 환경성 평가 1등급, 생태·자연도 1등급, 녹지자연도 8등급이상 등)

2. 도로

    (1) 급경사지 등 자연적 제약요소로 인해 도로가 미개설된 경우

    – 급경사지 등의 기준은 「급경사지 재해예방에 관한 법률」에 따른 급경사지, 각 지자체의 도시·군계획조례로 정하고 있는 개발행위허가기준의 경사도 그리고 「도로의 구조·시설 기준에 관한 규칙」에 따른 종단경사에 부적합한 경우 등을 말한다.

    (2) 미개설구간에 군부대, 공공시설, 공동주택 등 철거가 사실상 불가능한 시설이 입지하는 경우

    (3) 기존도로 확폭 시 일부는 단차가 심해 계단, 옹벽 처리 등이 필요한 경우

    (4) 환경·생태적으로 우수한 개발제한구역, 보전녹지지역, 공원 등을 관통해 지나치게 경관을 훼손하거나 과도한 터널 계획 등이 필요한 경우

3. 공원

    (1) 공원 등이 공공시설물 건축으로 인해 공원시설의 일부가 해제되거나 도로에 의해 공원이 분리되어 잔여 토지면적으로는 「도시공원 및 녹지 등에 한 법률 시행규칙」 제6조에서 정한 도시공원의 규모 기준 미만이 되어 지정 목적의 공원 기능의 수행이 곤란한 경우

    (2) 공원조성보다는 임상이 양호해 보전을 목적으로 과다하게 지정한 경우 (사실상 공원 지정 불필요)

    – 환경관련 등급 중 환경적으로 보존가치가 있는 최고 등급지를 포함하는 경우를 말한다(국토 환경성평가 1등급, 생태·자연도 1등급, 녹지자연도 8등급 이상 등).

    (3) 「도시공원 및 녹지 등에 관한 법률」 제17조 제1항에 따른 공원조성계획이 본 가이드라인 배포 시까지 입안되지 않은 경우

4. 녹지

(1) 원인시설이 도로·하천 그 밖에 이와 유사한 다른 시설과 접속되어 있어 그 다른 시설이 녹지기능의 용도로 대체 가능한 경우

(2) 간선도로변에 「도로법」 제40조에 의한 접도구역과 저촉되고 주용도가 소음 저감을 위한 녹지인 경우로 대체시설로 그 기능을 대신할 수 있는 경우

(3) 「철도법」 제45조의 규정에 따라 철도보호지구로 지정되었거나, 이미 시가지가 조성되어 녹지의 설치가 곤란한 지역 중 방음벽 등 안전시설을 설치한 지역의 경우

(4) 철도 및 도로변 완충녹지 내 상가 및 주택 등이 밀집되어 있어 시설 집행의 장기화가 예상되고, 주 용도가 소음 저감을 위한 녹지인 경우로 철도 및 도로의 장래 확장에 지장이 없고 대체시설(방음벽)이 설치되어 있어 그 기능을 대신할 수 있는 경우

(5) 주거지역과 다른 용도지역 간의 상충을 완화하기 위해 결정된 완충녹지로, 주거환경을 저해하는 용도의 건축물이 주거지역으로부터 지자체가 정한 거리 내에 없는 경우(예 : 주거지역과 연접한 완충녹지를 해제하는 경우 시행령 [별표9]에 따라 조례로 정하는 거리 범위 내에 숙박시설 또는 위락시설이 없는 경우 해제 가능)

5. 기타시설

(1) 원인이 되는 도시·군계획시설이 우선해제시설로 분류된 경우(예 : 우선해제시설로 분류된 도로의 완충녹지나 교통광장 등)

(2) 원인이 되는 도시·군계획시설이 폐지 또는 변경되었음에도 불구하고 존치되어 있는 시설(예 : 철도 폐지 후에도 존치하는 완충녹지 등)

제2절 단계별 집행계획 수립에 따른 해제기준

1. 기본원칙

(1) 우선해제시설을 제외한 모든 미집행 중인 도시·군계획시설에 대해 필요성과 재정 수요의 추정 범위 내에서 투자 우선순위를 정한다.

(2) 각 장기 미집행시설의 실효 시점 전까지 단계별 집행계획에 포함된 시설에 한해 재정적 집행 가능시설로 분류한다. 예를 들어, 2020년 7월 1일 실효대상이 되는 시설은 본 가이드라인에 따라 수립 또는 재수립되는 단계별 집행계획의 1단계(1~3년 차)와 2-1단계(4~5년 차)에 포함되어야만 재정적 집행 가능시설로 분류할 수 있다.

(3) 「국토의 계획 및 이용에 관한 법률」 제85조에 따라 단계별 집행계획을 수립해야 하는 자는 재정적 집행 가능시설을 2015년 12월 31일까지 분류해야 한다.

2. 도시·군계획시설사업 집행예산 산정

(1) 단계별 집행계획은 2016년부터 향후 10년간 도시·군계획시설에 대한 집행예산을 추계해 도시·군계획시설 사업 예산규모를 산정하고 2015년 12월 31일까지 수립 또는 재수립한다.

(2) 처음 5년(2016년~2020년)은 중기재정 계획상 도시·군계획시설사업 예산을 기초로 하고, 이후 5년(2021년~2025년)은 중기재정계획 증·감추세를 감안해 산정한다. 단, 이후 5년의 총액은 처음 5년간 집행계획 예산 총액의 120%를 초과할 수 없다.

(3) 단계별 집행계획의 집행예산은 장기 미집행시설의 실효 전까지 실시계획 인가나 그에 상당하는 절차가 진행될 수 있는 경우에 한정해 투입 시점으로 반영해야 한다.

3. 도시·군계획시설사업 집행순위

  (1) 우선해제시설을 제외한 모든 미집행 중인 도시·군계획시설에 대해 투
      자 우선순위를 정한 단계별 집행계획을 수립해 2015년 12월 31일까
      지 공고한다.

  ① 단계별 집행계획의 1단계와 2-1단계에 포함되는 시설은 중기재정계
     획과 연동하여 반영해야 한다.

  ② 단계별 집행계획을 수립하기 위해서는 해당 기관의 시설별 집행부서(설
     치의무자 포함)에서 투자 우선순위를 선정해 예산부서와 협의해야 한다.

  ③ 가이드라인에 따라 수립된 단계별 집행계획은 지방의회의 의견을 듣고
     공고한다.

  (2) 도시·군계획시설결정일부터 미집행기간이 긴 시설은 집행의 필요성이
      낮은 시설로 분류한다.

  (3) 현재 토지이용상 지장물 유무 및 자연조건을 고려해 개설 가능 여부를
      검토해, 집행의 필요성이 낮은 시설로 분류한다.

제3절 비재정적 집행방안 수립에 따른 해제기준

1. 기본원칙

  (1) 비재정적 집행 가능시설의 집행방식은 「사회기반시설에 대한 민간 투
      자법」 및 「도시공원 및 녹지 등에 관한 법률」 등 관련 법에 따른 민간
      투자 사업과 도시·군계획사업과의 연계를 통한 공공기여 방식으로 한
      정한다.

  (2) 단계별 집행계획을 수립해야 하는 자는 비재정적 집행 가능성을 검토
      해 비재정적 집행 가능시설을 2015년 12월 31일까지 분류한다.

  (3) 비재정적 집행 가능시설은 본 가이드라인에 따라 수립되는 단계별 집

행계획에 포함되어야 하며, 장기 미집행시설의 실효 전까지 실시계획 인가나 그에 상당하는 절차가 진행될 수 있는 경우에 한정해 투입 시점으로 반영해야 한다.

2. 민간 투자 사업 기준

(1) 민간 투자 사업의 범위는 다음과 같다.

① 「사회기반시설에 대한 민간 투자법」에 따른 민간 투자 사업

② 「도시공원 및 녹지 등에 관한 법률」에 따라 민간공원추진자가 도시공원 조성 및 비공원시설을 설치하는 사업

③ 기타 관계 법령에 따라 민간부문이 자금을 조달해 도시·군계획시설을 설치하는 사업

(2) 적용 기준

– 과거 5년간(09~14) 기반시설 설치를 위한 민간 투자 사업의 총액(행정절차상 실시계획을 득하는 시점에서의 연차별 사업비의 총합) 범위 내에서 비재정적 집행 가능시설로 분류한다.

3. 도시·군계획사업의 공공기여에 의한 집행 기준

(1) 도시·군계획사업의 범위

① 「도시개발법」에 따른 도시개발사업

② 「도시 및 주거환경 정비법」에 따른 정비사업

③ 기타 관련 법에 따라 도시·군계획시설에 대한 도시·군관리계획 결정 및 설치가 가능한 개발사업

(2) 적용 기준

– 기부채납 운영기준*에 따라 사업구역 전체 면적 대비 최대 25% 이내에

서 비재정적 집행 가능시설로 분류한다.

* 기반시설 기부채납 운영기준(국토교통부, 2014.12)

제4장 관리방안

제1절 기본원칙

1. '장기 미집행시설 정비'를 통해 미집행 도시·군계획시설에 대한 해제 결정 및 해제에 따른 관리방안 등을 마련한다.

2. '장기 미집행시설 정비' 절차에는 지침과 본 가이드라인을 적용해 미집행 도시·군계획시설에 대한 시설별 관리방안(집행수단, 해제 후 관리방안), 도시·군관리계획 결정 등이 포함돼야 한다.

3. 해제되는 미집행 도시·군계획시설에 대해 다음과 같은 관리방안을 마련해야 한다.
   (1) 용도지역·지구·구역 지정을 통한 대체 관리방안
   (2) 지구단위계획, 성장관리방안 등 계획적 관리방안
   (3) 개발행위허가 운영 기준, 지방도시 계획위원회 심의 기준, 개발사업 검토기준 등 인·허가 관리를 통한 계획적 개발을 유도하는 관리방안
   (4) 현황에 맞춘 시설 결정 또는 기타 관리방안

제2절 도로

1. 우선해제시설로 분류된 도로는 해제에 대한 도시·군관리계획 절차를 이행한다.

2. 우선해제시설이 아닌 시설로 단계별 집행계획 중 1단계와 2-1단계 시설, 비재정적 집행 가능시설에 대해서는 매년 집행계획의 타당성 및 실현성에 대하여 재검토해야 한다.

3. 1.과 2.에 포함되지 않은 도로 중 집중적으로 미집행되어 있는 도로시설(군)의 경우 다음과 같은 대체수단 또는 관리방안을 마련한다.
    (1) 취락지구 등 기개발지 내 집중적으로 미집행된 도로의 경우
    – 현황도로 및 도로 필지와 일치한 시설 결정을 하거나 관리방안을 마련한다.
    (2) 미개발지 내 집중적으로 미집행된 도로부지로 일부 개발행위가 발생한 지역의 경우
    ① 지구단위계획(보차혼용통로, 건축한계선 지정), 성장관리방안 등의 계획적 관리방안
    ② 개발행위허가 운영기준(성장관리방안), 지방도시 계획위원회 심의 기준 등의 인·허가 관리방안

4. 1.과 2.에 포함되지 않은 도로 중 개별적으로 산재해 미집행된 도로는 폭원 축소 또는 해제하도록 한다.

5. 3.과 4.에 해당하는 도로는 해제 또는 조정을 위한 도시·군관리계획 절차를 이행한다.

제3절 공원
1. 장기 미집행공원 시설 내 국·공유지는 본 가이드라인에 따른 해제대상에서

제외하고 존치할 수 있는 방안을 강구한다.

2. 우선해제시설로 분류된 공원은 해제에 대한 도시·군관리계획 절차를 이행한다.

3. 단계별 집행계획 상 1단계와 2-1단계 시설, 비재정적 집행 가능시설에 대해서는 매년 집행계획의 타당성 및 실현성에 대해 재검토해야 한다.

4. 1.부터 3.까지 포함되지 않은 공원 중 관련 법에 따라 다음과 같이 자연환경 보전을 목적으로 하는 지역·지구가 이미 지정된 부지는 해제 또는 축소한다.
   (1) 「국토의 계획 및 이용에 관한 법률」에 따른 보전녹지지역
   (2) 「자연환경 보전법」에 따른 생태·경관보전지역
   (3) 「습지보전법」에 따른 습지보호지역
   (4) 「산지관리법」에 따른 보전산지

5. 1.부터 4.까지 포함되지 않은 공원시설 중 일단의 면적이 1만 제곱미터 이상 공원은 관리방안을 검토한다.
   (1) 다양한 관리방안을 검토하기 위해 공원시설 내 편입토지별 현황 특성(소유, 환경등급, 입지여건 등)을 분석한다.
   (2) 4.에 따라 해제 또는 축소되고 남은 부지에 대해 민간공원제도 등 비재정적 집행방안을 재검토할 수 있다.
   (3) 시민의 여가, 문화 등 유사한 목적과 기능을 가지면서 민간 투자가 용이한 도시·군계획시설로의 대체지정을 검토한다.

(4) 주거·상업·공업지역에서 3만 제곱미터 이상의 공원이 해제되는 경우 녹지지역으로의 용도지역 변경을 검토한다.

6. 1.부터 4.까지 포함되지 않은 공원 시설 중 일단의 면적이 1만 제곱미터 미만 공원은 다음과 같은 관리방안을 검토한다.

   (1) 공원의 이용권 내 대체 가능성이 있는 경우에는 해제에 대한 도시·군관리계획 절차를 이행한다.

   - 대체 가능성은 이용권(「도시공원 및 녹지 등에 관한 법률」에서 정한 생활권 공원의 유치 거리 기준) 내 다른 공원 또는 학교 등이 있는 경우를 말한다.

   (2) 대체 가능성이 없는 경우에는 5.에 따라 관리방안을 재검토한다.

7. 4.에서 6.에 해당하는 공원 중 집행계획이 없고 관리방안이 검토된 시설은 해제에 대한 도시·군관리계획 절차를 이행한다.

제4절 녹지

1. 우선해제시설로 분류된 녹지는 해제에 대한 도시·군관리계획 절차를 이행한다.

2. 우선해제시설이 아닌 시설로 단계별 집행계획 중 1단계와 2-1단계 시설, 비재정적 집행가능시설에 대해서는 매년 집행계획의 타당성 및 실현성에 대해 재검토해야 한다.

3. 1.과 2.에 해당되지 않는 녹지 중 다음에 해당하는 경우에는 대체수단 도입 등 관리방안을 강구한다.

(1) 다양한 관리방안을 검토하기 위해 원인시설의 집행 여부 및 편입토지 별 현황 특성(소유, 불법 형질변경 등)을 분석한다.

(2) 원인시설이 집행되어 완충공간의 확보가 필요한 경우에는 건축선 지정, 공개공지 활용, 미관지구 지정 등의 대체수단을 검토한다.

(3) 완충녹지 또는 경관녹지 목적으로 시설이 결정되었으나 일부만 조성 (폭원 미달, 구간단절)되어 있는 경우에는 현황에 맞게 연결녹지 등의 대체시설로의 변경을 검토한다.

4. 3.에 해당하는 녹지 중 집행계획이 없고 관리방안이 검토된 시설은 해제에 대한 도시·군관리계획 절차를 이행한다.

제5절 기타 시설

1. 우선해제시설로 분류된 시설은 해제에 대한 도시·군관리계획 절차를 이행 한다.

2. 우선해제시설이 아닌 시설로 단계별 집행계획 중 1단계와 2-1단계 시설, 비재정적 집행가능시설에 대해서는 매년 집행계획의 타당성 및 실현성에 대해 재검토해야 한다.

3. 1.과 2.에 포함되지 않은 시설 중 반드시 도시·군관리계획으로 설치해야 할 특별한 사유가 없고 다른 용도로 이용되고 있는 때에는 해제에 대한 도시·군관리계획 절차를 이행한다.

제1절 도시·군관리계획 입안 전 절차

1. 장기 미집행 도시·군계획시설을 갖고 있는 모든 지방자치단체는 본 가이드
   라인에 따라 2015년 12월31일까지 다음의 절차를 완료한다.

   (1) 우선해제시설 분류

   (2) 단계별 집행계획 검토

   (3) 비재정적 집행 가능시설 검토

   (4) 필요시, 미집행공원에 대한 편입토지별 기초조사

   (5) 단계별 집행계획에 대한 지방의회 의견청취 및 공고

2. 공고해야 하는 단계별 집행계획에는 재정적 집행 가능시설과 비재정적 집
   행 가능시설을 포함해야 한다.

제2절 도시·군관리계획 입안·결정 절차

1. 장기 미집행시설 정비는 본 가이드라인에 따라 검토한 재정적 집행가능시
   설과 비재정적 집행가능시설을 제외한 모든 장기 미집행시설을 대상으로
   2016년 1월 1일부터 착수한다.

2. 장기 미집행시설 정비 절차는 시설별 관리방안을 마련해 2016년 12월 31
   일까지 도시·군관리계획을 결정하고 고시한다.

3. 지구단위계획, 정비계획 등 별도의 도시·군관리계획이 수립되어 있는 구역
   내의 미집행 도시·군계획시설의 경우 해당 시설의 해제에 대한 도시·군관

리계획과 시설 해제를 반영한 도시·군관리계획(지구단위계획 등)을 가급적 동시에 입안하도록 한다.

4. 입안된 도시·군관리계획에 대해 결정권자는 관계기관 협의 과정에서 이견 이 발생하거나 주민의견 청취과정에서 민원이 발생하는 등 조정이 필요한 시설을 제외한 나머지 시설에 대해서는 즉시 도시·군관리계획을 결정하고 고시하도록 한다.

5. 장기 미집행시설 정비 절차 다음과 같으며, 본 가이드라인에서 정하지 아니 한 사항은 「도시·군관리계획수립지침」의 도시·군관리계획 입안 및 결정 절 차에 따른다.

도시계획시설 일몰제와 투자 활용

장기 미집행시설 일몰제는 지난 1999년 10월 장기 미집행 도시계획시설이 사유재산권을 침해한다는 헌법재판소의 헌법불합치 결정에 따라 2020년 7월이 되면 도시계획시설 결정일에서 20년 경과 시 지정된 도시계획시설지정에서 자동 해제되는 제도다.

이처럼 일몰 시기가 도래하고 있음에도 당사자인 지방자치단체들은 재정문제 등으로 미집행시설에 대한 매수 및 계획에 따른 사용을 차일피일 미루어왔다. 그러나 이제는 불과 몇 년 남지 않은 시간으로 다가온 일몰제 시행은 발등에 불이 되고 있지만 별다른 획기적 대책을 수립할 수 없어 고민거리가 되고 있다.

더욱 도시계획시설의 대부분을 차지하는 도시계획도로와 근린공원 등 장기 미집행시설이 자동실효로 행위제한 등 재산권 규제가 풀리면 건축물 등을 건립할 수 있어 무분별한 녹지훼손과 난개발을 우려하고 있는 실정이지만, 거액의 보상재원 마련문제로 모든 미집행시설을 전부 보상할 수 없어 대책 마련이 시급하게 되었다.

이후 대책 마련을 위한 해결방안으로 미집행시설의 다수를 차지하는 도시근린공원 등을 민간자본을 이용해 개발하도록 하는 등 일몰에 따른 대책이 마련되었고, 의정부 직동공원의 민간자본을 이용한 개발성과로 상당수의 지방자치단체가 민간개발방식에 관심을 보이고 있다. 그리고 다른 지방자치단체들이 관련 부서의 공무원들을 파견해 업무처리 절차 및 조직 및 인원, 도시관리계획 변경, 비공원시설 사업추진, 애로사항 및 문제점 등을 교육받아가는 등 벤치마킹 대상으로 주목받고 있다.

이 같은 민간자본을 이용하는 어바니즘의 도입은 장기 미집행 공원을 해소하고 사유재산권 보호를 위해 2009년 12월 '도시공원 및 녹지 등에 관한 법률(이하 도시공원법)'에 장기간 방치된 도시공원 부지에서의 개발행위 등에 관한 특례제도 도입이 시발점이 되었다. 도시공원 민간개발자는 도시공원법에 따라 5만㎡ 이상의 도시공원을 조성할 수 있으며 도시공원 용지의 70%에 공원을 조성 지자체에 기부채납하고 나머지 30%에는 주거지역 등으로 개발할 수 있다는 내용이다.

지자체와 공동 시행의 경우에는 도시공원법에 따라 민간개발자가 해당 도시공원 부지매입비의 80% 이상을 현금으로 예치하고 지자체 등은 예치금으로 토지보상을 하게 되는 방식으로 이루어진다. 이 과정에서 주민 의견 수렴, 환경영향평가, 교통영향평가, 문화재 지표조사 등 행정 절차를 거쳐야 하고 생태·환경적으로 보호해야 하는 지역은 생태적인 공원으로 보전하고 훼손됐거나 상대적으로 보호가치가 떨어지는 지역을 주거지역 등으로 개발하게 된다.

더욱 2015년 2월 국토교통부의 도시공원 개발행위 특례 지침이 개정되면서 급물살을 타게 되었다. 최초 민자사업이며 성공 모델로 평가받는 의정부시 직동·추동근린공원을 비롯해 수원시의 영흥공원, 인천, 대구, 대전, 울산 등 상당수의 지자체에서 도시공원을 민간개발방식으로 추진하고 있다.

특히 의정부시의 직동·추동근린공원*은 아파트 분양에 들어가는 등 민간 투자 개발사업의 성공적인 사업으로 각 지방자치단체의 개발방식에 여파가 미칠 것으로 사료되므로, 의정부시의 민간공원 조성의 진행 형태를 면밀히 검토해볼 필요가 있다.

투자자 입장에서는 이런 민간개발 도시공원 지역에 경매 등 방법으로 매수하고 토지보상을 통해 수익을 창출하는 투자 활용 방법이지만 투자 시 유의해야 할 점도 있다.

공원조성이 민간자본을 이용한 사업인 관계로 자금조달 등 사업이 지지부진하게 될 경우, 일몰제로 개발행위제한이 풀리더라도 개발구역지정으로 행위제한이 지속될 수 있고 시민단체·환경단체의 민간개발에 대한 반발로 사업이 장기화될 우려도 있다는 것이다. 그러므로 도시공원의 투자 시 위치 등을 포함한 사업성 검토, 지자체 개발 의지 및 지원 정도와 개발 후 분양성 등도 고려해 투자를 결정해야 하며 도시 자연공원구역 지정 가능성도 염두에 두어야 한다.

---

* 직동 및 추동근린공원은 1954년도에 도시계획시설 공원으로 지정되었다.

1. 단계별 집행계획

부동산 경매 투자의 성공전략은 아주 단순한데 낙찰받은 가격보다 높은 가격으로만 매도한다면, 양도차익을 얻을 수 있다.

이는 누구나 아는 사실이고 단순한 이야기이겠지만 말처럼 누구나 그렇게 이루어지는 그런 쉬운 일은 아니다.

한마디로 높은 가격으로 매도하고 싶지만, 자신의 마음대로 할 수 없는 일이기에 누구나 하고 싶어도 할 수 없는 일이 된다. 그러나 누구나 높은 가격에 매도할 방법이 있고 그 방법도 의외로 쉽다. 한마디로 낙찰 후 오를 때까지 기다리면 된다.

필자의 이런 말장난을 언어도단이라고 힐책하는 독자들이 있겠지만 사실 이런 방법은 부동산 투자의 기본원칙이고 철칙이다. 부동산은 보유를 통해 수익을 창출하는 것이 기본 투자 방식이므로 장기보유가 될수록 수익률은 상승하게 된다.

단순한 비교긴 하지만 이는 세금을 통해서도 증명된다. 우리나라의 세금체계는 장기보유할수록 세금감면 폭은 커지게 되므로 장기보유 감면분만큼 수익이 증가하게 된다.

예를 들어 주택의 양도차익이 1억 원일 경우 1년 미만 보유를 했다면 양도소득세를 4천만 원까지 납부해야 하지만 1년만 넘긴다면 2천10만 원이 되어 감면에 따른 수익률은 엄청난 차이를 보이게 된다.

그러나 부동산 투자자 입장에서는 무한정 보유할 수 없는 노릇이고 매도하지 않는 이상 수익을 기대할 수 없으므로 결국 이상적인 투자는 적기에 매도하는 것이라 할 수 있지만, 이는 모든 투자자의 희망 사항일 뿐이다.

그렇지만 이제 그 희망은 토지보상경매로 현실화되었고 이를 증거하는 토지보상경매의 방점이 매도에 있음을 필자의 전 도서인 《토지보상경매 실전활용》에서 명백하게 밝혔다.

따라서 토지보상경매의 한 축인 도시계획시설에 대한 투자 역시 보상을 받을 수 있는 시기 파악을 추측할 수 있다. 이는 재원조달계획, 보상계획과 함께 지방자치단체가 수립해 발표하는 단계별 집행계획을 통해서 그 보상을 받을 수 있는 매각 시기를 미루어 짐작할 수 있다.

단계별 집행계획은 미집행 도시계획시설을 대상으로 도시계획시설의 결정 고시일로부터 2년 이내에 재원조달계획·보상계획 등을 포함해 3년을 기준으로 하는 단계별 집행계획을 수립하도록 하고 있다.

이때 집행계획수립은 제1단계 집행계획과 제2단계 집행계획으로 구분해 수립한다. 3년 이내에 시행하는 도시계획시설사업은 제1단계 집행계획에, 3년 후 시행하는 도시계획시설사업은 제2단계 집행계획에 포함되도록 하고 있으나 매년 2단계 집행계획을 검토해 3년 이내 시행이 필요한 경우 1단계 집행계획에 포함시킬 수도 있다. 따라서 도시계획시설 투자 전 미리 지방자치단체에 단계별 집행계획을 문의하거나 지자체 홈페이지 검색을 통해 고시된 집행계획을 참조해 자금운용을 감안한 투자가 이루어지도록 하는 것이 좋다. 그러나 투자 대상 도시계획시설이 단계별 집행계획에 포함되어 있지 않다면 다른 매도전략을 세워야 한다. 미집행 도시계획시설의 일몰 기간이 2020년 7월이므로 이를 감안해볼 때 집행될 가능성이 작으므로 지정 이전 종래의 목적대로 활용가치를 찾아야 한다.

예를 들어 종래의 용도가 대지라면 일몰로 인한 행위제한이 사라졌으므로 건축을 해서 활용하는 방법과 건축 부지를 찾는 건축업자 등에게 매각을 하는 방법을 활용할 수 있을 것이다.

물론 기타 토지 등도 개발행위 등을 통해 활용하는 방법을 찾으면 될 듯하다.

【참고 22】단계별 집행계획

청도군 공고 제2015 - 389호

군계획시설 단계별 집행계획 공고

1. 「국토의 계획 및 이용에 관한 법률」 제85조 및 같은 법 시행령 제95조의 규정에 의거 청도군 미집행 군계획시설에 대해 다음과 같이 단계별 집행계획을 공고합니다.

2. 관계 도서는 우리군 도시과(☎054-370-0000)에 비치해 일반인과 토지소유자 및 이해관계인에게 보입니다.

2015. 8.

청 도 군 수

▷ 단계별 집행계획 총괄표

단계구분		연도	시설개소	청도·화양	풍각	비고
총　계			205	171	34	
1단계	소　계		21	14	7	
	1년차	2016년	10	7	3	
	2년차	2017년	5	4	1	
	3년차	2018년	6	3	3	
2단계	소　계		184	157	27	
	4년차	2019년	2	2	–	
	5년차	2020년	–	–	–	
	6년차이후	2021년 이후	182	155	27	

▷ 청도·화양 단계별 집행계획 대상시설

1단계(2016 ~ 2018년)

시설명	결정조서			미집행 면적			사업 개요	비고
	폭원(m)	연장(m)	면적(㎡)	폭원(m)	연장(m)	면적(㎡)		
대로3-003	25	306	7,650	25	306	7,650	L=306m, A=7,650㎡	
							1년 차 : 시설 수 7개	
중로3-005	12	1,036	12,432	12	444	5,328	L=444m, A=5.328㎡	
							2년 차 : 시설 수 4개	
근린공원4	–	–	10,000	–	–	10,000	A=10,000㎡	
							3년 차 : 시설 수 3개	

2-1단계(2019 ~ 2020년)

시설명	결정조서			미집행 면적			사업 개요	비고
	폭원(m)	연장(m)	면적(㎡)	폭원(m)	연장(m)	면적(㎡)		
중로1-002	20	2,788	55,760	8~20	2,250	18,000	L=2,250m, A=18,000㎡	
중로3-007	12	103	1,236	12	103	1,236	L=103m, A=1,236㎡	
							4~5년 차 : 시설 수 2개	

지면상 편집

2. 공원 민간개발사업

공원 민간개발사업은 민간 기업이 도시계획시설로 지정된 토지 일부를 공원으로 조성한 다음 지방자치단체에 기부채납(공공기여)하고 나머지 부지에 아파트를 건설하는 방식의 개발사업으로 의정부 직동·추동근린공원이 민간공원 조상 제안형 최초의 사례다.

민간공원 조성 특례사업은 전술한 바와 같이 헌법불합치라는 결정을 내린 데 따라 미집행 도시계획시설은 2020년 7월 일몰로 국토교통부는 이런 공원 해제를 최소화하기 위해 민간기업이 공원을 조성해 지·자체에 기부 채납하면 남은 부지에서 개발사업을 할 수 있는 민간공원조성 특례제도를 2009년 5월 도입했다.

이어 국토부에서는 제도 실효성을 높이기 위해 기부채납 비율을 기존 부지면적의 80%에서 70%로 낮추었고, 나머지 30% 토지엔 주거·상업시설을 지을 수 있도록 했다. 민간 기업이 개발에 참여할 수 있는 최소 공원면적 기준도 10만㎡ 이상에서 5만㎡ 이상으로 완화했다.

현재 의정부뿐만 아니라 인천, 충남 천안, 충북 청주 등 전국 곳곳에서 민간공원 조성사업을 추진하기 위한 움직임이 나타나고 있으며 의정부 직동·추동공원, 수원 영흥공원, 원주 중앙공원과 천안 노태산 근린공원 등은 우선협상대상자가 선정돼 있다.

이런 내용으로 볼 때 지방자치단체에서 장기 미집행 도시계획시설 일몰제를 그대로 방치할 경우 난개발에 직면하게 된다. 그리고 도시자연공원구역지정을 하면 토지소유주들의 반발이 예상되므로 섣불리 지정할 수 없는 등 진퇴양난에 처할 확률이 있기에 민간공원

개발 특례제도를 이용한 개발사업을 이용한 해결방안을 모색할 확률이 높을 것으로 예상된다.

더욱 정부가 공공택지 공급량을 축소하기로 함으로써 민간공원 조성특례제도를 이용해 신규 사업지를 물색하는 건설사와 시행사가 높은 관심을 보이고 있다. 이로 인해 앞으로 민간조성을 이용한 주택공급이 또 다른 패러다임으로 작용할 것으로 보인다.

그러므로 도시공원에 투자하려는 경우 해당 지방자치단체에 미리 민간자본으로 추진할 공원 및 결정 여부 및 개발계획을 확인하거나 민간사업자 공모 여부 등도 확인해야 한다.

다만, 민간개발사업은 그 특성상 수익을 목적으로 하고 있고 자본 조달이 원활하지 않을 경우 사업이 장기화되는 등 투자 자금이 묶일 우려를 감안해 출구전략 등을 대비한 투자 방법을 추구할 것을 권장한다.

지방자치단체가 민간자본을 이용해 추진하려는 공원의 기본적 확인은 지방자치단체의 도시기본계획을 통해 확인한다. 그리고 실무적으로 지방자치단체에 민간개발제안이 있었는지 아닌지를 확인하거나 고시 공고 등을 통해 공모 여부를 확인하도록 한다.

민간개발은 해당 지방자치단체의 재량사항이므로 반드시 공원녹지과 등 해당 부서에 확인을 통해 진행상태, 계획 등을 파악하도록 한다. 가능하다면 제안 민간업체 등에게도 확인을 통해 사업에 대한 정보를 취득하는 노력을 해야 한다.

3. 지자체별 민간공원 조성 특례사업

　민간공원 개발사업은 각 지방자치단체가 관심을 두고 추진하고 있으나 지방자치단체별로 여건이 다르고 아직은 도입 시기인 관계 확정된 사업 진행에 대한 정보가 없다.

　이에 여기에서는 일부 지자체가 추진 예정이거나 추진 준비 중인 민간공원에 대한 수집자료를 참조할 수 있도록 했다. 하지만 이는 개괄적 내용이므로 투자 활용 시 해당 지방자치단체에 문의하기 바란다.

Point

▷ **부산광역시, 울산광역시(준비 중)**

▷ **인천광역시**

　❶ 관교공원

　　남구 관교동 산102번지 일원 / 490,513㎡ / 1994.11.7.(인천

　　광역시 고시 189호)

　　2000.12.11. 실시계획인가(인고 224호)

　❷ 동춘공원

　　연수구 동춘1동 938-2번지 일원 / 10,001㎡

　❸ 마전공원

　　서구 마전동 산107-4번지 일원 / 113,000㎡ / 2015.7.27.

　　공원조성계획 결정(인고 제2015-1B호)

　❹ 검단 17호 공원

　　서구 오류동 산169번지 일원 / 51,000㎡ / 2015. 공원조성계

획 결정(인고 2015-198호)

⑤ 검단중앙공원

서구 왕길동 산14-1번지 일원 / 605,773㎡ / 1986. 6. 2 공
원 결정(인고 제118호) 공원조성계획 결정(인고 제245호)

⑥ 희망공원

부평구 부평동 산34-6번지 일원 / 73,000㎡

▷ **대전광역시**

❶ 월평공원

서구 도마동 산7번지 일원 / 3,394,734㎡ / 민간사업자 IPC개
발(주), GS건설

❷ 행평공원

중구 사정동 17번지 일원 / 1,882,000㎡

❸ 매봉공원

유성구 가정동 산8-9번지 일원 / 354,906㎡

❹ 용전공원

대덕구 송촌동 산25-6번지 일원 / 172,961㎡

▷ **광주광역시**

❶ 송정공원

❷ 신촌공원

❸ 봉산공원

❹ 수량공원

❺ 송암공원

❻ 신용공원

❼ 마륵공원

▷ **대구광역시**

❶ 대구대근린공원

수성구 삼덕동 산89번지 일원 / 1,878,637㎡

▷ **경기도**

용인시

❶ 죽전동근린공원

❷ 영덕근린공원

천안시

❶ 청수공원

동남구 청수동 184-20번지 일원 / 240,330㎡

❷ 노태공원

서북구 성성동 160-13번지 일원 / 255,158㎡ / 민간사업자
IPC개발(주)

▷ **충청남도**

천안시

❶ 청수공원

동남구 청수동 184-20번지 일원 / 240,330㎡

❷ 노태공원

　　서북구 성성동 160-13번지 일원 / 255,158㎡ / 민간사업자
　　IPC개발(주)

　당진시

❸ 계림공원

　　수청동 일원 / 333,859㎡

▷ **충청북도**

　청주시

❶ 영운공원

　　상당구 영운동 일원 / 119,072㎡

❷ 매봉공원

　　서원구 수곡동 일원 / 414,853㎡

❸ 잠두봉공원

　　서원구 수곡동 일원 / 176,990㎡ / 민간사업자 ㈜리드산업개발

❹ 새적골공원

　　청원구 내덕동 일원 / 130,276㎡ / 민간사업자 ㈜메이플

▷ **강원도**

　원주시

❶ 중앙공원(1구역)

　　무실동 산 12-4번지 용화산 일원 / 63,710㎡ / 민간사업자
　　IPC원주 PFV

❷ 중앙공원(2구역)

　　무실동 산37번지 무실 2지구 일원 / 289,814㎡

❸ 단계공원

　　단계동 산 92번지 일원 / 204,269㎡

❹ 매봉산(단계 2호)공원

　　단계동 776-24번지 일원 / 276,619㎡

❺ 단구공원

　　단구동 산85번지 일원 /106,798㎡

▷ **경상도**

창원시

❶ 사화공원

　　의창구 명곡, 사화, 도계동 일원 / 949,482㎡

▷ **전라도**

순천시

❶ 봉화산공원

　　조례동 산113-1번지 및 용당동 산8-1번지 / 2,888,950㎡

❷ 향림공원

　　가곡동 산106-1번지 일원 / 653,160㎡

❸ 매산공원

　　금곡동 412번지 일원 / 441,220㎡

❹ 삼산공원

　　용당동 산94-1번지 일원 / 505,457㎡

4. 민간공원 특례사업 절차

민간자본을 이용한 공원개발사업은 도시공원 및 녹지에 관한 법률을 근거로 도입되었지만, 아직 이를 근거로 조성사업이 완료된 공원은 없다. 그러나 각 지방자치단체는 민간자본을 이용한 공원개발을 경쟁적으로 도입하고 있고, 건설사나 시행사가 적극 참여를 추진하고 있다. 그리고 상당수 공원이 민간자본 개발을 준비하고 있어 봇물을 이룰 것으로 보인다.

다만, 민간공원추진예정자 단독으로 사업추진이 힘들어 지자체와 공동추진이 불가피한 상황이다. 추후 각종 특혜시비가 있을 수 있고 더욱이 공원조성과정에는 많은 기간이 소요돼 토지보상 등 많은 난관이 예상되지만, 민간자본을 이용한 공원개발이라는 큰 물줄기는 잡힌 듯하다.

민간자본에 의한 개발을 근거로 하므로 민간공원추진예정자는 최대 수익을 창출하기 위해 수익성 높은 아파트 같은 종류의 시설물 건축을 요구할 것은 자명한 일이지만, 시민들로서는 쾌적한 공원의 시설을 요구하게 되어 이해 상충이 발생할 가능성이 남아 있다.

따라서 사업시행 중 부득이한 사유로 사업이 중단될 경우 민원 발생 및 매몰 비용 등에 대한 리스크가 발생할 가능성이 있으므로 적정 기준이 필요하다. 이에 따른 기준이 바로 국토교통부가 2016년 6월에 발표한 민간공원조성 특례사업가이드라인(이하 가이드라인)이다.

가이드라인은 지방자치단체 등이 민간공원조성 특례사업을 시행하는 때에 중점적으로 고려해야 할 사항 등을 정한 것이다. 지역 실정 및 여건 등에 따라 다르게 적용될 수 있고 도시자연공원은 행위

특례를 적용할 수 있으나 도시자연공원구역은 행위특례를 적용할 수 없다.

행위특례를 적용할 수 있는 도시공원은 전체 면적이 5만㎡ 이상이어야 하고 특례사업은 제안에 의한 방식과 공모에 의한 방식에 의해 실시된다.

제안에 의한 방식은 민간공원을 조성하고자 하는 자(민간공원추진예정자)가 시장·군수에게 제안서를 제출하는 방식을 말한다. 그리고 공모에 의한 방식은 시장·군수가 도시공원 부지에서 개발행위 등에 관한 특례로 조성하고자 하는 대상 공원을 선정하고 비공원시설부지에 대한 용도·밀도 등 최소한의 조건을 정해 공모를 통해 제안서를 제출받는 방식을 말한다.

제안에 의한 방식으로 특례사업을 시행하고자 하는 경우에 민간공원추진예정자는 특례사업의 필요성, 사업계획, 제안서 제출시기 등 특례사업을 위해 필요한 사항에 관해 시장·군수에게 사전 협의를 요청한다. 시장·군수는 민간공원추진예정자와 사전협의한 사항에 대해 양해각서(MOU)를 체결하는 방식으로 사업이 이루어진다. 그리고 공모로 접수된 제안에 대해 도시공원위원회 및 지방도시계획위원회의 위원과 건축회계법률 등 관련 전문가들로 구성(20인 이내)된 제안심사위원회의 심사를 거쳐 협상대상자를 선정해 이루어진다.

이후 민간공원추진예정자의 제안이 받아들여지게 되면 공원조성계획을 입안하고 관련 위원회의 심의를 거쳐 공원조성계획을 결정(변경)한다. 이 경우 도시공원위원회는 공원시설 등 공원조성에 관한 사항에 대해 심의하고 지방도시 계획위원회는 비공원시설의 종류 및 규모, 비공원시설을 설치할 공원부지의 용도지역, 그 밖에 시장·군수가 심의를 요청한 사항에 대해 심의하게 된다.

사업착수를 위해서 시장·군수는 특례사업의 적기 시공을 도모하고 민간공원추진자가 시공 중에 사업을 포기하는 사례를 방지하기 위해 민간공원추진자가 아닌 제삼자에게 연대보증을 하게 한다. 혹은 민간공원 추진자에게 지정일로부터 30일 이내에 공원시설사업비(공원시설 부지조성비 포함)의 10%에 해당하는 계약보증금 납부 또는 공사이행보증서 제출 등의 방법으로 사업이행보증을 받게 된다.

만약 실시계획 인가 후 90일 이내에 정당한 사유 없이 공사에 착수하지 않거나 공사착수 후 사업시행을 지연 또는 꺼려 사업의 계속적 시행이 불가능하다고 인정되는 경우나 정한 기간 내에 실시계획 인가신청을 하지 않는 경우와 같이 민간공원추진자의 귀책사유로 본 사업을 준공하지 못해 본 사업을 수행할 수 없다고 판단하는 경우는 협약을 해지하거나 민간공원추진자 지정의 취소 등 필요한 처분을 할 수 있다.

민간공원추진자는 「국유재산법」, 「공유재산 및 물품관리법」 등 관련 법규에 따라 특례사업으로 조성된 도시공원부지 및 공원시설을 시장·군수에 기부채납해야 하며 기부채납 시기 등은 협약을 따르고 비공원시설의 완료(사용검사, 사용승인 또는 준공) 전에 기부채납해야 한다.

인천광역시 공고 제2016 - 656호

인천광역시 도시공원 개발행위 특례사업
사업대상자 선정 공고

인천광역시 공고 제2015-1496(2015.12.14.)호로 공고한 도시공원 개발행위 특례사업 추진을 위한 제안서 접수 결과 및 사업대상자(민간공원 추진예정자) 선정 결과를 다음과 같이 공고합니다.

2016. 5. 16.

인 천 광 역 시 장

1. 제안서 제출 기간 : 2015. 12. 14. ~ 2016. 4. 15.

2. 제안서 접수 및 사업대상자 선정 결과

연번	공 원 명	위치	제안서 접수 건수	사업대상자 (민간공원추진예정자)	비 고	담당기관
1	무주골공원	연수구 선학동	3	–	공모방식 시행	서부공원 사업소
2	관교공원	남구 관교동	1	주식회사 C플랜	–	〃
3	동춘공원	연수구 동춘동	2	앱스뱅크 주식회사	–	〃
4	십정공원	부평구 십정동	4	–	공모방식 시행	동부공원 사업소
5	연희공원	서구 연희동	5	–	공모방식 시행	북부공원 사업소
6	검단16호공원	서구 오류동	6	–	공모방식 시행	〃
7	마전공원	서구 마전동	1	도담이엔씨 & 핍스웨이브	–	〃

8	송도2공원	연수구 옥련동	5	–	공모방식 시행	연수구
9	검단17호공원	서구 왕길동	1	서해DNC㈜	–	서 구
10	희망공원	부평구 부평동	1	구일산업개발㈜ 아이피씨개발㈜	–	부평구
11	전등공원	강화군 길상면	0	–	–	강화군

3. 향후 계획

가. 사업대상자 선정공원

2016. 5. ~ : 제안에 의한 행위특례사업시행 절차 진행

나. 사업대상자 미선정공원

일정 향후 공지 : 공모에 의한 특례사업 공고 후 사업대상자
선정

4. 문의

본 공고와 관련해 궁금한 사항은 인천광역시 공원녹지과(☎032-
440-3674)와 다음 공원 담당기관으로 문의하시기 바랍니다.

[공원 담당기관]

· 인천광역시 동부공원사업소 (☎032-440-5843)

· 인천광역시 서부공원사업소 (☎032-440-5952)

· 인천광역시 북부공원사업소 (☎032-458-7182)

· 연수구청 공원녹지과 (☎032-749-8694)

· 부평구청 공원녹지과 (☎032-509-8682)

· 서구청 공원녹지과 (☎032-560-4492)

도시계획시설[공간시설 : 공원(직동근린공원)]사업

실시계획인가 고시

1. 의정부시 도시계획시설[공간시설 : 공원(직동근린공원)]사업에 대해
「국토의 계획 및 이용에 관한 법률」 제88조에 따른 실시계획 사항
을 같은 법률 제91조에 따라 고시합니다.

2. 관계도서 및 수용 또는 사용할 토지, 지장물 소재지, 지목, 소유권
이외의 권리 명세서 등을 의정부시청 도시과에 비치하고 토지소유
자 및 이해관계인에게 보입니다.

2015. 8.

의 정 부 시 장

가. 사업시행 위치

· 위치 : 경기도 의정부시 가능 · 의정부 · 호원동 일원

나. 사업의 종류 및 명칭

· 종류 : 도시계획시설[공간시설 : 공원(직동근린공원)]사업

· 명칭 : 의정부시 직동근린공원 민간공원조성사업

다. 사업의 면적 및 규모

· 면적 결정 : 864,955㎡ [금회 시행 : 496,603㎡(공원시설 :
412,603㎡, 비공원시설 : 84,000㎡)]

· 세부조성계획 및 시설 사업계획

구 분		면적(㎡)	구성비(%)	비고
총 계		496,603	100.00	
세부시설	소 계	51,055	10.28	
	도로및광장	21,456	4.32	
	조경시설	12,282	2.47	
	휴양시설	2,684	0.54	
	유희시설	2,699	0.55	
	운동시설	4,518	0.91	
	교양시설	3,495	0.70	
	편익시설	3,721	0.75	
	관리시설	200	0.04	
녹지		445,548	89.72	비공원시설 포함

※ 향후 비공원시설은 주택건설사업 승인을 득한 후 공동주택 건립 예정지임

라. 사업시행자의 주소 및 성명

· 주소 : 경기도 의정부시 시민로 1(의정부동)

· 성명 : 의정부시장

· 주소 : 서울 서초구 매헌로 64, 201호(양재동 엠제이빌딩)

· 성명 : ㈜아키션

마. 사업의 착수 및 준공예정일

· 착 수 일 : 실시계획인가일

· 준공예정일 : 2019. 6. 30.

바. 수용 또는 사용할 토지 또는 건물의 소재지·지번·지목 및 면적, 소유권과 소유권 외의 권리의 명세 및 그 소유자·권리자의 성명·주소

토지세목

구분	소재지	지번	지목	면적	편입 면적	공원 시설	비 공원 시설	성명	주소	지분	성명	주소	권리 관계	비 고
127	호원동	378-45	도	38	38	38		국(건 설부)						
128	호원동	401-7	전	360	360	360			경기도 의정부 시 회룡로 (호원동)					
129	호원동	401-8	대	334	334	334			경기도 의정부 시 회룡로 5 (호원동)					
130	호원동	405-4	답	225	225	225			경기도 양주시 광적면 현석로					
131	호원동	405-3	구	93	93	93			경기도 양주시 광적면 현석로					
132	호원동	산32	임	298										
									경기도 의정부 시 범골로35번 길 17(호원동)	1/2				
									경기도 의정부 시 신흥로81, 101동(호원동, 쌍용스윗닷홈 아파트)	1/2				
133	호원동	405-5	답	110	110	110			경기도 양주시 광적면 현석로 690					
134	호원동	산16	임	6,942	6,942	6,942								
									경기도 의정부 시 범골로 23, 304동 (호원동, 호원가든3차 아파트)	330 / 6,942		대전광역시 대 덕구 동춘당로 114번길 60, 315동(송촌동, 선비마을 아파트)	근 저 당 권	
									경기도 의정부 시 평화로 374, 101동 호원동, 한승아파트)	6,612 / 6,942		전라북도 군산 시 서수송안2 길 7, (나운동)	근 저 당 권	
135	호원동	산15-1	임	8,281	8,281	8,281								
									서울 동대문구 숭인동 260	14/84				

						서울 종로구 가회동 177	14/84				
						서울 종로구 가회동 177	14/84				
						서울 성북구 미아동 산69-	14/84				
						서울 성북구 안암동 2가	14/84				
						서울특별시 강북구 인수봉 로72길 1401 호(수유동, 극동아파트)	13/84				

【참고 25】 직동근린공원 토지이용계획 열람(401-8)

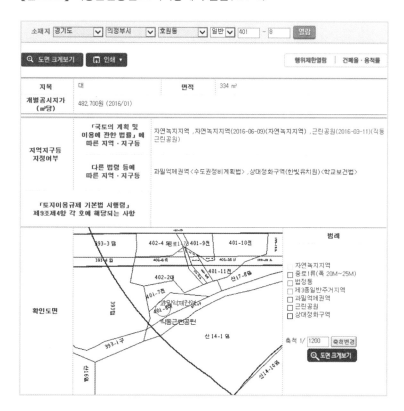

의정부시 공고 제 2015 - 178 호

추동근린공원 민간공원 조성사업

보상계획 및 열람 공고

　　의정부시에서 시행하는 『추동근린공원 민간공원 조성사업』에 편입되는 토지 및 물건에 대해 「공익사업을 위한 토지 등의 취득 및 보상에 관한 법률」 제15조(보상계획의 열람 등) 규정에 의거 아래와 같이 보상계획을 공고(열람)하오니 토지 및 물건의 소유자 및 이해관계인은 물론 일반인도 열람하시기 바라며, 개별통지를 받지 못하신 분들은 본 공고로 갈음하고자 합니다.

2015. 2.

의 정 부 시 장

1. 사업의 개요

　　가. 사업명칭 : 추동근린공원 민간공원 조성사업

　　나. 시행위치 : 경기도 의정부시 신곡동·용현동 일원

　　다. 사업면적 : 867,804㎡

　　　　(공원시설 : 713,496㎡, 비공원시설 : 154,308㎡)

　　라. 사업시행자 : 의정부시장, 유니버스코리아제일차 유한회사

　※ 자세한 내역은 열람장소에 비치하고 있으며, 소유자 및 이해관계인에게 개별통지

2. 보상내용

가. '추동근린공원 민간공원 조성사업'에 편입되는 토지 및 물건 등
에 대한 권리 일체

나. 토지 및 물건 : 경기도 의정부시 신곡동·용현동 일원 필지 및 물
건 등

3. 보상대상

- 이하생략 -

【참고 27】 민간공원 특례사업시행 절차

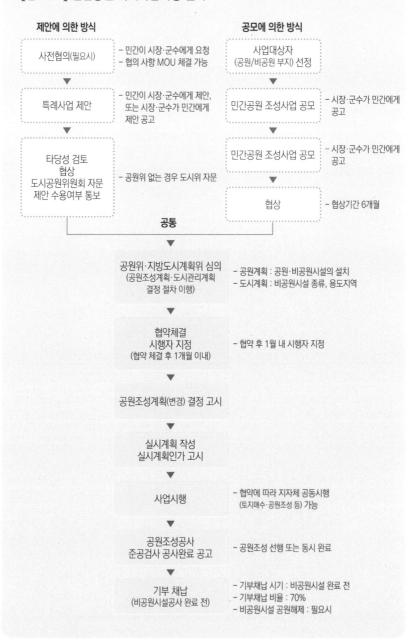

제안에 의한 방식

사전협의(필요시)
- 민간이 시장·군수에게 요청
- 협의 사항 MOU 체결 가능

↓

특례사업 제안
- 민간이 시장·군수에게 제안, 또는 시장·군수가 민간에게 제안 공고

↓

타당성 검토
협상
도시공원위원회 자문
제안 수용여부 통보
- 공원위 없는 경우 도시위 자문

공모에 의한 방식

사업대상자
(공원/비공원 부지) 선정

↓

민간공원 조성사업 공모
- 시장·군수가 민간에게 공고

↓

민간공원 조성사업 공모
- 시장·군수가 민간에게 공고

↓

협상
- 협상기간 6개월

공통

↓

공원위·지방도시계획위 심의
(공원조성계획·도시관리계획
결정 절차 이행)
- 공원계획 : 공원·비공원시설의 설치
- 도시계획 : 비공원시설 종류, 용도지역

↓

협약체결
시행자 지정
(협약 체결 후 1개월 이내)
- 협약 후 1월 내 시행자 지정

↓

공원조성계획(변경) 결정 고시

↓

실시계획 작성
실시계획인가 고시

↓

사업시행
- 협약에 따라 지자체 공동시행 (토지매수·공원조성 등) 가능

↓

공원조성공사
준공검사 공사완료 공고
- 공원조성 선행 또는 동시 완료

↓

기부 채납
(비공원시설공사 완료 전)
- 기부채납 시기 : 비공원시설 완료 전
- 기부채납 비율 : 70%
- 비공원시설 공원해제 : 필요시

2014 타경 21•••(임의)		매각기일 : 2014-10-28 10:30~ (화)		경매14계 031-828-0366	
소재지	(480-003) 경기도 의정부시 용현동				
현황용도	임야	채권자	도림신용협동조합	감정가	1,447,074,000원
토지면적	28374㎡ (8583.1평)	채무자	●●●●	최저가	(80%) 1,157,659,000원
건물면적		소유자	●●●●	보증금	(10%)115,766,000원
제시외		매각대상	토지매각	청구금액	819,000,000원
입찰방법	기일입찰	배당종기일	2014-07-29	개시결정	2014-05-14

기일현황

회차	매각기일	최저매각금액	결과
신건	2014-09-23	1,447,074,000원	유찰
2차	2014-10-28	1,157,659,000원	매각
●●●/입찰1명/낙찰1,160,000,000원(80%)			
	2014-11-04	매각결정기일	허가
	2014-12-12	대금지급기한 납부 (2014.12.12)	납부
	2015-01-14	배당기일	완료
	배당종결된 사건입니다.		

감정평가현황 ㈜공신감정, 가격시점 : 2014-05-15　　　　　　　　　　　🔲 감정평가서

토지	건물	제시외건물(포함)	제시외건물(제외)	기타(기계기구)	합계
1,447,074,000원	×	×	×	×	1,447,074,000원

토지현황　　　　　　　　　　　🔲 토지이용계획/공시지가 🔲 부동산정보 통합열람

지번	지목	토지이용계획	비교표준지가	면적	단가(㎡당)	감정가격	비고
1	용현동 산11	임야	자연녹지지역	37,000원	28,374㎡ (8583.1평)	51,000원	1,447,074,000원	

기타 | 용현지방산업단지 서측 인근에 위치 / 일대는 근린공원 산책로 등이 조성 있는 시가지주변 야산지대 / 본건까지 차량출입 불가 버 스정류장까지의 거리 등 보아 일반대중교통 여건은 보통시됨 / 부정형의 북동측하향 경사지 / 맹지임

지목	임야	면적	28,374 ㎡
개별공시지가 (㎡당)	38,000원 (2016/01)		

지역지구등 지정여부	「국토의 계획 및 이용에 관한 법률」에 따른 지역·지구등	자연녹지지역 ,자연녹지지역(2016-06-09)(자연녹지지역) ,근린공원(추동)
	다른 법령 등에 따른 지역·지구등	사방지〈사방사업법〉,공익용산지〈산지관리법〉,과밀억제권역〈수도권정비계획법〉
	「토지이용규제 기본법 시행령」 제9조제4항 각 호에 해당되는 사항	

확인도면

범례
- ☐ 사방지
- ☐ 대로3류 (폭 35M~30M)
- ☐ 과밀억제권역
- ☐ 완충녹지
- ☐ 근린공원
- ☐ 배수시설
- ☐ 자연녹지지역
- ☐ 지방산업단지
- ☐ 중로1류 (폭 20M~25M)
- ☐ 법정동
- ☐ 공익용산지
- ☐ 중로2류 (폭 15M~20M)
- ☐ 준공업지역
- ☐ 상대정화구역

축척 1/ 6000　축척변경

🔍 도면 크게보기

소재지	(689-881) 울산광역시 울주군 서생면 대송리				
현황용도	임야	채권자	울산남부신용협동조합	감정가	612,556,000원
토지면적	3668㎡ (1109.57평)	채무자	●●●	최저가	(80%) 490,045,000원
건물면적		소유자	●●●	보증금	(10%)49,005,000원
제시외		매각대상	토지매각	청구금액	310,000,000원
입찰방법	기일입찰	배당종기일	2015-02-27(연기)	개시결정	2014-08-19

기일현황 ▼근린보기

회차	매각기일	최저매각금액	결과
신건	2015-03-27	612,556,000원	유찰
2차	2015-04-27	490,045,000원	매각

●●● ●●●/입찰2명/낙찰633,600,000원
(103%)
2등 입찰가 : 555,311,000원

2015-05-04	매각결정기일	변경
2015-05-07	매각결정기일	허가
2015-06-09	대금지급기한 납부 (2015.06.08)	납부
2015-07-09	배당기일	완료
2015-07-30	배당기일	완료

배당종결된 사건입니다.

감정평가현황 ▶ 삼창감정 , 가격시점 : 2014-08-27   감정평가서

토지	건물	제시외건물(포함)	제시외건물(제외)	기타(기계기구)	합계
612,556,000원	×	×	×	×	612,556,000원

토지현황   토지이용계획/공시지가   부동산정보 통합열람

	지번	지목	토지이용계획	비교표준지가	면적	단가(㎡당)	감정가격	비고
1	대송리 20-4	임야	자연녹지지역	44,000원	3,668㎡ (1109.57평)	167,000원	612,556,000원	

기타 "울산해양박물관" 동남측 인근에 위치 / 주위는 농경지 숙박시설 관광시설 등이 형성 / 평탄한 부정형의 토지이며 현황 임야이나 일부 전 및 묘지임 / 맹지

지목	임야	면적	3,668 ㎡
개별공시지가 (㎡당)	116,700원 (2016/01)		

지역지구등 지정여부	「국토의 계획 및 이용에 관한 법률」에 따른 지역·지구등	도시지역 ,자연녹지지역 ,근린공원
	다른 법령 등에 따른 지역·지구등	가축사육제한구역〈가축분뇨의 관리 및 이용에 관한 법률〉
	「토지이용규제 기본법 시행령」 제9조제4항 각 호에 해당되는 사항	

확인도면	20-12임 20-3임 20-2임 20-6임 207-1임 22-2임 22-4임 20-3임 소로1류(폭 10M~12M) 도시지역 20-4임 20-10임 22-6임 22-3임 22임 22임 20-9임 (689-12)임	범례 □ 소로1류(폭 10M~12M) □ 자연녹지지역 □ 도시지역 □ 법정동 □ 가축사육제한구역 □ 근린공원 축척 1/ 1200 축척변경 🔍 도면 크게보기

보 상 계 획 공 고

　　울산광역시 울주군에서 시행하는 『간절곶공원 조성사업』의 토지 등에 대한 보상계획을 「공익사업을 위한 토지 등의 취득 및 보상에 관한 법률」 제15조에 따라 보상계획을 공고하오니 토지소유자 및 이해 관계인은 공고 기간 내 열람하시고 이의가 있으신 소유자 및 관계인은 서면으로 이의 신청하시기 바랍니다.

2014. 1. 27.

울 산 광 역 시　울 주 군 수

1. 사업개요

　가. 사 업 명 : 간절곶공원 조성사업

　나. 사업시행자 : 울산광역시 울주군수

　다. 사업구간 : 울산광역시 울주군 서생면 대송리 20번지 일원

　라. 사업규모 : 17,472㎡

2. 편입토지 및 물건

　가. 토지 : 울산광역시 울주군 서생면 대송리 20번지외 10필지

　나. 지장물건 : 위 토지에 있는 물건 일체

3. 보상 시기

　2014. 3월경(정확한 일정은 추후 개별통지 예정)

4. 토지 및 물건조서 열람

가. 열람 기간 : 2014. 01. 27. ~ 2014. 02. 10.

나. 열람장소 : 울주군청 산림공원과(☎ 052-229-8653)

※ 토지 및 물건조서, 용지도면 등 관련자료 비치

5. 보상 방법 및 절차

가. 「공익사업을 위한 토지 등의 취득 및 보상에 관한 법률」에 의거 3인(시·도지사와 토지소유자가 모두 감정평가업자를 추천하지 아니하거나 시·도지사 또는 토지소유자 어느 한쪽이 감정평가업자를 추천하지 아니하는 경우에는 2인)의 감정평가업자가 평가한 감정평가 금액을 산술평균한 금액으로 우리 군과 토지 등의 소유자가 협의하여 계약을 체결함.

나. 협의가 성립되지 아니하거나 할 수 없을 경우에는 「공익사업을 위한 토지 등의 취득 및 보상에 관한 법률」 제19조 등이 정하는 바에 따라 수용 절차에 의함.

다. 보상장소, 보상금액, 구비서류 등 보상에 관한 구체적인 사항은 추후 보상 시기에 맞춰 개인별로 통지할 예정임.

6. 감정평가업자 선정

「공익사업을 위한 토지 등의 취득 및 보상에 관한 법률」 제68조 제2항, 동법 시행령 제28조 등에 의해 토지를 관할하는 시·도지사와 토지소유자가 추천하는 경우에는 사업시행자가 선정하는 감정평가업자 이외에 시·도지사와 토지소유자가 아래 추천 방법에 의해 감정평가업자 각 1인을 포함해 선정할 수 있고, 보상계획의 열람 기간 만료일로부터 30일 이내에 사업시행자(울주군수)에게 추천해야 함.

※ 추천 방법

가. 시·도지사 : 「공익사업을 위한 토지 등의 취득 및 보상에 관한 법률」 시행령 제28조 제3항에 의함.

나. 토지소유자 : 동일한 시기에 보상하기로 공고 또는 통지한 보상 대상 토지면적의 1/2 이상에 해당하는 토지소유 자와 보상대상 토지의 토지소유자 총수의 과반수 의 동의를 받은 사실을 증명하는 서류를 첨부해 추 천해야 함.

7. 기타 사항

가. 사업구간에 편입되고 남는 토지(잔여지)가 종래의 목적대로 사용 하는 것이 현저히 곤란한 경우에는 「공익사업을 위한 토지 등의 취득 및 보상에 관한 법률」 제74조 등에 따라 잔여지를 매수해 줄 것을 청구할 수 있음.

나. 상기 내용에 기재되지 아니한 사항에 대해서는 「공익사업을 위 한 토지 등의 취득 및 보상에 관한 법률」 등 관련 법령에 의함.

다. 토지 등의 소유자 및 이해관계인에게 개별 통지했으나 송달받 지 못한 자에 대해서는 이 공고로 공시송달을 갈음함.

라. 보상협의 대상 토지 및 물건은 감정평가 후 평가액 및 예산현황 에 따라 보상협의 대상 토지 및 물건의 증·감이 있을 수 있음.

2015 타경 7···(임의)	물번2 [잔금납부] ▽	매각기일 : 2016-04-21 10:00~ (목)		경매2계 02-530-1814
소재지	(137-150) 서울특별시 서초구 원지동			
현황용도	임야	채권자	디에이치대부유한회사	감정가	202,365,000원
지분토지	4497㎡ (1360.34평)	채무자	○○○	최저가	(64%) 129,514,000원
건물면적		소유자	○○○	보증금	(10%)12,952,000원
제시외		매각대상	토지지분매각	청구금액	4,000,000,000원
입찰방법	기일입찰	배당종기일	2015-07-06	개시결정	2015-04-15

기일현황

회차	매각기일	최저매각금액	결과
신건	2016-01-07	202,365,000원	유찰
2차	2016-02-11	161,892,000원	유찰
	2016-03-17	129,514,000원	변경
3차	2016-04-21	129,514,000원	매각
○○○/입찰1명/낙찰150,000,000원(74%)			
	2016-04-28	매각결정기일	허가
	2016-06-10	대금지급기한 납부 (2016.06.02)	납부

변경공고 ▶ 변경일자 : 2016-03-15

변경내용	2016.03.15. 변경 후 추후지정

감정평가현황 ▶ S.R감정 , 가격시점 : 2015-04-25　　　　　　　🔍 **감정평가서**

토지	건물	제시외건물(포함)	제시외건물(제외)	기타(기계기구)	합계
202,365,000원	×	×	×	×	202,365,000원

토지현황　　　　　🔍 **토지이용계획/공시지가**　🔍 **부동산정보 통합열람**

	지번	지목	토지이용계획	비교표준지가	(지분)면적	단가(㎡당)	감정가격	비고
1	원지동 산4-52	임야	자연녹지지역	34,000원	4,497㎡ (1360.34평)	45,000원	202,365,000원	13884면적중 유승열지분 4,497전부

기타	지하철 신분당선 청계산 입구역 남서측 인근에 위치 청계골 입구변에 소재 / 주위는 청계산공원인 자연임야지대이고 본건 동측은 농경지대 등 형성 / 본건까지 차량출입은 불가능 대중교통수단은 시내버스정류장이 인근에 소재하지만 지하철역(신분당선 청계산 입구역)은 비교적 원거리 / 부정형의 급경사 / 지적도상 맹지 상태이고 동산로와 연결 / 제한보호구역 야생생물보호구역 개발제한구역

지목	임야	면적	13,884 m²
개별공시지가 (㎡당)	38,200원 (2016/01)		

지역지구등 지정여부	「국토의 계획 및 이용에 관한 법률」에 따른 지역·지구등	도시지역 , 자연녹지지역 , 공원(저촉)
	다른 법령 등에 따른 지역·지구등	가축사육제한구역(일부지역 ,서초구기업환경과문의)<가축분뇨의 관리 및 이용에 관한 법률> ,개발제한구역<개발제한구역의 지정 및 관리에 관한 특별조치법> ,비행안전제6 구역(전술)<군사기지 및 군사시설 보호법> ,대공방어협조구역(위탁고도:77-257m)<군 사기지 및 군사시설 보호법> ,제한보호구역(전술항공:5km)<군사기지 및 군사시설 보호 법> ,공익용산지<산지관리법> ,보전산지<산지관리법> ,비오톱1등급(2015-06-18)(저 촉)<서울특별시 도시계획 조례> ,과밀억제권역<수도권정비계획법> ,야생생물보호구 역<야생동·식물보호법>
	「토지이용규제 기본법 시행령」 제9조제4항 각 호에 해당되는 사항	토지거래계약에관한허가구역

확인도면	범례 ☐ 보전산지 ☐ 비행안전제6구역(전술) ☐ 개발제한구역 ☐ 토지거래계약에관한허가구역 ☐ 야생생물보호구역 ☐ 제한보호구역(전술항공:5km) ☐ 도시지역 ☐ 대공방어협조구역(위탁고도:54-236m) 자연녹지지역 ☐ 비오톱1등급 ☐ 공익용산지 ☐ 법정동 ☐ 공원 축척 1/ 3000 축척변경 🔍 도면 크게보기

1. 비오톱

자연환경의 파괴는 오로지 인간에 의해 개발이라는 명목에 의해 이루어지고, 보존을 위한 행동 역시 인간에 의해 이루어진다.

예전에는 개발이 미덕처럼 여겨져왔으나 개발로 인한 환경파괴는 개발로 얻은 이익보다 더 큰 손실로 돌아오게 되어 환경보존의 중요성을 깨닫게 되었다.

보존이란 자연에 존재하는 그대로의 상태를 말하는 것으로, 개발하지 않아야 성립될 수 있다. 하지만 인간의 속성상 보존보다는 재산적 가치를 증가시킬 수 있는 개발에 더 많은 관심을 보이게 된다. 따라서 개발은 피할 수 없는 불가피한 선택이 되고 인간의 본성에서 욕구가 사라지지 않는 한 지속적인 파괴가 이루어지게 될 것은 자명한 일이므로 적극적인 노력을 하지 않는다면 환경보존은 불가능하다.

이에 개발제한구역지정 외에도 도시개발과정에서 최소한의 자연생태계를 유지할 수 있는 생물군집 서식지의 공간적 경계의 지정이 필요하다. 그리고 이를 위해 국토 계획법에서는 도시관리계획의 입안을 위한 기초조사 시, 환경성 검토를 의무화하고 있다.

지방자치단체도 조례를 통해 도시생태현황조사 및 평가 및 도시생태현황도 제작 등 법적 근거를 통해 보존해야 할 지역을 지정하고 있는데 이를 비오톱이라고 한다.

비오톱은 특정 생물군집이 생존할 수 있는 특정 환경조건을 갖춘 지역으로, 비오스bios와 토포스topos가 결합된 용어다. 직역하자면 생명의 땅이라는 의미로 생물군집의 서식공간을 말한다.

비오톱의 최초 도입은 서울시로 2010년 6월 최초 시행했고, 지자체별로 운영되고 있다.

비오톱은 유형별 등급별로 구분할 수 있는데 다음과 같다.

Point

▷ I 등급 : 대상지 전체에 대해 절대적으로 보전이 필요한 비오톱 유형

▷ II 등급 : 대상지 전체에 대해 보전을 우선해야 하는 비오톱 유형

▷ III등급 : 대상지 일부 지역에 대해서는 보전을 우선하고 잔여 지역은 토지이용제한이 필요한 비오톱 유형

▷ IV등급 : 대상지 일부 토지에 대한 토지이용제한이 필요한 유형

▷ V등급 : 부분적으로 개선이 필요한 비오톱 유형

그러나 본서는 효율적 투자를 목적으로 하고 있고 투자 우선이 되

는 대상 토지는 각종 개발이 예정되어 있거나 제한사항이 해제되는 토지가 해당되므로 비오톱으로 지정된 토지는 투자 대상에서 제외한다.

더욱 비오톱 등급이 높을수록 보존 강도가 더 높은 토지임을 알려주는 것이므로 더 멀리 투자 기피를 해야 하는 토지에 해당한다.

2. 도시자연공원구역

지난 2015년 청주시가 도시계획시설공원으로 묶여 개발행위를 제한받아온 공원 내 토지를 도시자연공원구역으로 지정하려 하자 토지소유주들이 청주시청을 방문해 도시계획시설변경 계획 취소를 요구하면서 당일 도시자연공원구역 지정을 심의하는 도시계획위원회가 열리는 회의장 진입을 시도해 지역일간지에 기사화된 일이 있었다.

토지소유주들이 이처럼 강력히 반발한 이유는 2020년 7월이면 일몰제로 행위제한이 풀려 종래 용도대로 사용할 것을 기대했으나, 다시 도시자연공원구역지정이 되면 도시계획시설지정보다 오히려 더욱 심한 규제를 받기 때문이었다.

도시공원은 도시지역에서 도시 자연경관을 보호하고 시민의 건강·휴양 및 정서 생활을 향상시키는 데 이바지하기 위해 설치 또는 지정된 공원이다. 도시자연공원구역은 도시의 자연환경 및 경관을 보호하고 도시민에게 건전한 여가·휴식공간을 제공을 목적으로 도시지역 안의 식생이 양호한 산지의 개발을 제한하기 위해 지정되는 구역으로 지정 목적에는 별반 차이가 없어 보인다.

그러나 자세히 살펴보면 도시공원이 도심에 공원을 조성하자는 취지라면 도시공원법상의 도시자연공원구역은 도심 내 녹지를 그대로 보존하자는 취지로 도시자연공원구역은 개발제한구역, 고도지구와 더불어 투자 기피대상 3대 불가침구역으로 일컬어진다.

이런 위험성에도 도시공원과 도시자연공원구역의 용어가 비슷하고 단지 용어의 마지막에 구역이라는 단어의 유무만 있어 초보 투자자들은 이를 동일한 것으로 알고 있는 경우가 많다. 하지만 단순히 두 글자 차이지만 재산권 행사 및 자산가치는 천국과 지옥 정도의 차이가 있다.

그냥 무심히 본다면 구역이라는 용도구역의 하나로 보이겠지만, 부동산공법에서는 구역이란 말이 붙으면 개발제한구역이나 수자원보호구역처럼 토지이용에 제한되기 때문에 기뻐할 일이 못 된다.

2020년 장기 미집행시설 중 도시계획시설인 도시공원의 일몰 기간이 가까워짐에 따라 해제에 따른 일몰제가 시행되면 모든 행위제한 등 규제로부터 자유로워져 가치상승을 기대하고 높은 낙찰가율로 매수하는 경우가 증가하고 있다. 그런데 근린공원 등 도시공원매수 시에는 도시자연공원구역지정 가능성을 치밀하게 검토한 후 취득해야 한다.

또한, 도시공원 중 일부는 개발제한구역으로 중복 지정돼 있어 도시계획시설 해제 이후에도 개발제한구역으로의 행위 제한은 계속되므로 유의해야 한다.

비록 당장 매수한 도시공원이 공원구역으로 지정되지 않았더라도 관심을 기울일 필요가 있다. 그 이유는 공원지정 시 해당 토지소유주에게 개별 통보를 하지 않고 지정 후 소송을 제기해도 지구지정취소를 하기 어렵기 때문이다.

이는 2005년 제정된 공원녹지법 초기 2009년 12월 31일까지 해당 도시자연공원을 폐지·변경하지 않으면 도시자연공원구역으로 자동전환된다고 해서 일부 지자체는 공원구역으로 미리 지정했다. 그러나 자동전환된다는 내용을 관련 법에서 2009년 12월 29일 삭제했음에도 구역해제를 하지 못해 아직도 공원구역으로 남아 있는 경우가 있는 것처럼 구역지정취소나 해제는 어려운 일이다.

따라서 지정취소에 따른 재산상 심각한 타격이 예상되는 것은 당연한 일이고 위에서 언급한 것과 같이 그 토지소유주들이 지정에 대해 거세게 반발할 수밖에 없다.

재산상 손실을 가볍게 보아도 도시공원의 경우에는 지목이 대지일 때는 취득 시기와 관련해 매수청구제도를 이용해서 시가에 준해 보상받을 수 있다. 그러나 공원구역인 경우에는 매수청구일 현재 당해 토지의 개별공시지가가 그 토지가 소재하고 있는 읍·면·동 안에 지정된 공원구역 안의 동일한 지목의 개별공시지가 평균치 50% 미만이어야 하는 등 이해가 어려운 가격으로 보상받게 된다. 또한 도시공원의 경우에는 재산세를 50% 경감받지만, 도시자연공원구역으로 지정되는 것은 개발제한구역과 같은 용도구역으로 묶이는 것으로 감면제도 효과를 볼 수 없는 등 이중 삼중의 재산적 피해를 볼 수 있다.

도시자연공원구역의 지정은 국토 환경성 평가 결과, 생태·자연도, 임상도, 녹지자연도, 국토계획법에 의한 토지적성평가 결과 등을 활용해 지정되며 다음과 같다.

▷ 국토 환경성 평가 결과 1등급 지역, 생태·자연도 1등급 권역, 임상도 4영급 이상인 지역, 녹지자연도 8등급 이상인 지역, 토지적성평가 결과 보전적성등급의 지역은 우선적으로 구역 지정의 대상이 된다.

▷ 국토 환경성 평가 결과 2등급 지역, 생태·자연도 2등급 권역, 녹지 자연도 7등급 지역 중 과도한 훼손이 우려되는 지역 또는 항공사진 판독 결과나 현장조사에 의해 양호한 식생이 분포하는 것으로 판단 되는 지역도 도시자연공원구역으로 지정할 수 있다.

▷ 자연공원법 규정에 의한 자연공원이나 습지보전법 규정에 의한 습 지보호지역, 자연환경 보전법 규정에 의한 생태·경관보전지역 및 시·도 생태·경관보전지역, 국토계획법에 의한 개발제한구역 등 자 연보전 목적을 갖는 지역 또는 구역은 도시자연공원구역과 중복으 로 지정되지 않는다.

▷ 자연의 보호 상태가 양호해 훼손 또는 오염이 적으며 야생동식물이 서식하고 있는 지역, 희귀식물이 식생하고 있는 지역, 양호한 소생 태계가 형성되어 있는 지역, 또는 도시민의 여가 공간으로 효율성 을 높이는 데 필요한 지역, 양호한 식생보호를 위한 완충 지역을 포 함해 지정대상이 된다.

▷ 경관의 자원적 가치는 지형의 경관미가 수려하거나(지형 등이 뛰어난 풍치 또는 경관을 형성하고 있거나 지역에서 주요한 조망대상이 되는 경우) 해당 도시 또는 지역의 상징적 경관이 되는 지역, 지역의 역사성 등을 지닌 문화재 또는 유적·유물이 자연경관과 조화되어 보전의 가치가 있을 경우에 도시자연공원구역으로 지정대상이 된다.

▷ 도시자연공원구역은 해당 도시민의 공원이용권 및 균형적인 배치를 고려해 지정하도록 하며, 구체적으로 다음의 지역이 대상이 된다.

❶ 주민이 일상적으로 접촉하는 빈도가 높은 녹지 또는 도시민이 자연과의 접촉의 장이 되는 녹지

❷ 지역주민의 건전한 심신의 유지 및 증진에 관계되는 녹지로 지역주민의 건전한 생활환경 확보를 위해 적정하게 보전할 필요가 있는 지역

❸ 도시기본계획, 공원녹지 기본계획 등 관련 계획에서 보전할 만한 녹지축이나 거점 등으로 계획된 지역 등

도시자연공원구역의 지정기준

항 목	기 준
양호한 자연환경의 보전	• 동식물의 서식처 또는 생육지로 생태적으로 보전가치가 높은 지역 • 자연의 보호 상태가 양호해서 훼손 또는 오염이 적으며 양호한 소생태계(비오톱)가 형성되어 있는 지역 • 위의 조건을 가진 지역의 주변 지역으로 양호한 생태계 또는 식생을 보호하기 위한 완충 지역
양호한 경관의 보호	• 지형의 경관미가 수려한(지형 등이 뛰어난 풍치 또는 경관을 형성하고 있는 지역) 해당 도시 또는 지역에서 주요한 조망대상 또는 상징적 경관이 되는 지역 • 지역의 역사 등과 깊은 관계를 가진 문화재 또는 유적 및 유물이 입지한 지역으로 주변의 자연경관과 조화되어 보전할 만한 가치가 있는 경관적 특성을 형성하고 있는 지역
도시민의 여가·휴식 공간의 확보	**도시의 여가 공간으로 효율성을 높이는 데 필요한 지역** • 주민이 일상적으로 접촉하는 빈도가 높은 산이나 도시민이 자연과의 접촉의 장이 되는 녹지 • 지역주민의 건전한 심신의 유지 및 증진에 관계되는 녹지로 지역주민의 건전한 생활환경 확보를 위해 적정하게 보전할 필요가 있는 지역 • 도시기본계획, 공원녹지 기본계획에서 도시민의 여가·휴식공간, 보전할 만한 녹지축이나 거점 등으로 계획된 지역

도시관리계획(용도구역 : 도시자연공원구역)

결정(변경) 입안(안) 공고·열람

도시관리계획(용도구역 : 도시자연공원구역) 결정(변경) 입안(안)에 대해 「국토의 계획 및 이용에 관한 법률」 제28조 및 같은 법 시행령 제22조 규정에 따라 주민 의견을 듣고자 다음과 같이 공고합니다.

2016. 6. 30.

인 천 광 역 시 장

1. 도시관리계획 결정(변경) 입안(안) 주요 내용

도시관리계획(용도구역 : 도시자연공원구역) 결정(변경)

도면 표시 번호	구역명	위치	면적(㎡)			비고
			기 정	변 경	변경 후	
③	약사도시자연 공원구역	남동구 만수동, 부평구 일신동 일원	1,823,568.8	△ 188,411.8	1,635,157.0	
④	호봉도시자연 공원구역	부평구 산곡동, 서구 가좌동 일원	656,427.8	△ 656,427.8	–	폐지
⑤	계양도시자연 공원구역	계양구 효성동, 서구 공촌동 일원	4,803,801.0	△ 137,859.0	4,665,942.0	
⑮	인천대도시 자연 공원구역	남동구 운연동 산74-9번지 일원	321,958.4	△ 321,958.4	–	폐지

2. 열람 기간 및 의견 제출 방법

• 열람 기간 : 공고일 다음 날부터 14일간

• 의견 제출 : 상기 입안내용에 대해 의견이 있으신 분은 열람 기간 내 서면으로 제출해주시기 바랍니다.

【참고 29】 인천지역 도시자연공원구역 현황

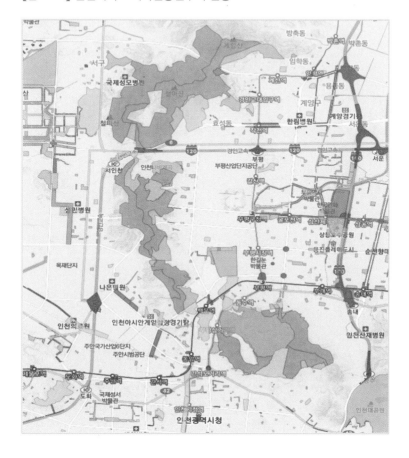

PART 4

개발제한구역 해제와
투자 활용

개요

　영국에서 시작된 그린벨트제도는 급격한 산업화로 도시가 급격하게 팽창되는 것을 방지하기 위해 1971년 수도권 과밀도시 방지, 자연환경 보전 등의 정책적 목적에 의해 개발제한구역이라는 이름으로 우리나라에 도입되었다.

　이 제도의 도입으로 구역 내 토지소유주는 재산권 행사에 심대한 침해를 받았으나 선진 외국의 연구대상이 될 정도로 전 세계에서 가장 성공한 산림녹화 사업모델로 꼽히고 있고, 3년간의 전쟁으로 황폐해진 국토를 푸르게 만드는 데 절대적 기여를 했다.

　본래 우리나라 개발제한구역은 RDZ(개발제한구역Restricted Development Zone)에 해당하지만 통상 그린벨트Green-Belt로 통칭하고 있고 수도권을 시작으로 부산·대구·광주 등 대도시에서 확대되어 1977년 여수권역까지 8차에 걸쳐 14개 도시권역이 모두 지정되었고, 전 국토의 5.4% 가량이 개발제한구역으로 지정되었다.

그러나 도시인구 및 산업의 집중을 억제해 도시민의 건전한 생활 환경보호를 위한 목적이 개인재산권에 대한 과다한 침해를 불러왔다. 이로 인한 문제점을 개선하고자 김대중 정부의 그린벨트 해제공약에 따라 개발제한구역의 해제가 시작되었고, 2004년부터 개발제한구역 내의 토지를 매수청구하는 경우 이를 매수하는 등 지속해서 완화되고 있다.

또한, 정권이 바뀔 때마다 개발제한구역의 점진적 해제를 추진했고, 이런 정부의 발표가 나올 때마다 많은 투자자의 관심과 기대로 토지경매 시장의 낙찰가율은 가파른 상승을 하는 경향을 보여왔다.

본서에서 중점적으로 다루고 있는 장기 미집행 도시계획시설은 개발제한구역과 밀접한 관계가 있는데, 수도권지역의 공원의 경우 상당수가 그린벨트 내에 지정된 경우가 많아 장기 미집행시설의 투자와 그린벨트 투자는 일맥상통한다고 할 수 있다.

더욱이 개발제한구역은 수도권 등 주요 도시지역을 휘감고 있는 환상형 벨트를 이루고 있어 앞에서 얘기한 전형적인 대감님댁 돌쇠형 토지로 공익사업시행 시 개발제한구역의 토지들이 편입되는 경우가 많다. 또한 매년 점진적 해제가 되는 추세이기 때문에 그린벨트 해제가 예정 또는 예상되는 구역의 선점은 토지 투자 수익을 올리는 한 방편이 되고 있다.

다만, 개발제한구역의 개발해제에 따른 건축물의 건축, 형질변경 등 개발행위를 통한 수익추구보다는 해제지역의 공익사업시행에 따른 토지보상을 통한 수익추구를 권장한다. 그 이유는 구역해제가 되더라도 투기 방지 및 난개발 방지를 위해 개발행위 허가를 최장 5년까지 제한하고 무허가 건축물, 불법용도변경 축사 등은 철거하도록 하며 이행강제금을 철저히 징수하는 등 또 다른 규제가 시행될 확률이 높기 때문이다. 이로 인해 개인이 해제에 따른 수혜를 보기 어려워질 수 있기 때문이다.

그러므로 개발제한 구역해제지역의 토지를 매수하고 보유 후 개발사업 발표에 따른 지가상승 시 처분을 하거나 매도가 여의치 않을 경우, 사업시행에 따른 토지보상을 통해 이루어지는 수익을 추구하는 투자 방법을 이용하는 형태가 적절해 보인다.

앞에서 이야기한 것과 같이 김대중 정부의 개발제한구역 해제정책에서 시작된 개발제한구역의 점진적 해제는 박근혜 정부에 들어서도 추진되었으며 2015년 규제개선의 일환 중 하나로 그린벨트 해제 완화를 발표했다.

그 주요 내용을 보면 국토교통부는 2016년 30만㎡(9만 평) 이하 중소규모 그린벨트 해제권한을 시·도지사에 넘겨 지방자치단체 판단으로 그린벨트를 해제할 수 있게 하면서 추가 해제 총량을 정했다. 이것은 오는 2020년까지 국토면적의 3.9%(3,862㎢)에 달하는 그린벨트(개발제한구역) 중 여의도 면적 2.9㎢(88만 평)의 80배에 달하는 233㎢(7,048만 평)가 풀리게 된다.

지역별 해제 가능 면적은 서울 2.5㎢, 경기 49.5㎢, 인천 1.5㎢, 부산권 23㎢, 대구권 21㎢, 광주권 23.2㎢, 대전권 24.3㎢, 울산권 23.9㎢, 창원권 20.3㎢로 해제된 토지는 아파트 단지나 산업 단지 등 공익사업에 의해 조성될 가능성이 크다. 특히 그린벨트가 도시의 70~90%를 차지하는 하남·과천·의왕·고양·남양주시의 경우 해제 면적이 상대적으로 넓어 투자가 몰릴 것으로 예상된다.

이를 종합해보면 현행 개발제한구역에 대한 정부의 정책은 해제가 트랜드가 될 것으로, 차후 정권 역시 해제 위주의 정책이 주를 이룰 것으로 예상된다. 따라서 토지 투자의 포커스 역시 개발제한구역 토지에 관심이 집중될 것으로 사료된다.

필자가 이 같은 해제 발표 후 자주 받는 질문은 토지소유자의 그린벨트 해제가 쉬워진다는데 그린벨트를 푸는 방법과 그 시기에 관한 질문이다.

필자는 이에 대한 대답으로 토지소유주에게는 그린벨트 해제가 쉬워진다고 해도 토지소유주 스스로 해제할 방법이 없으며 그저 소유하고 있는 토지가 해제지역에 포함되기만을 기다려야 할 뿐이라고 답한다. 필자가 전국의 그린벨트를 담당하는 관련 공무원도 아니어서 콕 집어 어느 동네 몇 번지가 언제 풀릴지는 나 역시 모른다.

그렇지만 토지보상경매를 지도하는 입장에서 투자자에게 나도 모른다는 답변만을 하기엔 무책임하기에 개발제한구역을 매수 투자하려는 경우에는 유언비어만을 믿고 경매매수 후 해제되기를 하염없이 기다리는 투자를 하지 말고, 지정해제가 예정·예상되는 토지를 경매로 매수하고 이후 해제됨으로 그 이익을 얻는 투자 방법을 선택하라는 말과, 학습을 열심히 하라는 조언을 해준다.

모든 국토계획은 선계획 후개발이 원칙으로 적용되며 개발제한구역해제 역시 선계획 후해제가 적용된다. 여기에서 선계획의 보편적 의미로는 단순히 관련 공무원이 입안하는 의미가 있지만, 행간에는 그 입안은 누구라도 알 수 있도록 해야 한다는 의미가 포함되어 있다는 뜻이다.

따라서 개발제한구역 해제는 고급 공무원들의 책상 속에 있는 것이 아니라 누구나 알 수 있는 사항으로, 해당 공무원이 하는 업무만 알고 있다면 손쉽게 얻을 수 있는 정보라는 것이다.

또한, 공무원의 행위는 반드시 법이나 규정, 지침 등에 의해 이루어지고 이런 규정이나 지침 역시 누구나 알 수 있는 내용이므로 결국 투자자로서는 공무원이 언제 입안한 내용을 고시하였는지만을 안다면 그린벨트 투자는 누워서 떡 먹는 일이 된다.

그러나 아무리 누워서 떡을 먹고 싶다 하더라도 떡을 사와야 하는 수고로움은 겪어야 하는 것처럼 고시를 찾아보는 일은 개인의 수고로움을 필요로 한다.

더욱이 각종 고시는 특정한 곳에 취합되어 있지 않아 일일이 찾아봐야 하고 관련 용어에 대한 이해가 떨어진다면 더 많은 수고를 해야 한다.

그러므로 지속해서 토지 투자에 관심이 있다면 부동산공법지식을 함양하는 데 노력을 기울여야 한다.

개발제한구역의 해제

지금까지 보편적인 개발제한구역 투자는 이축권*을 이용한 투자가 주류를 이루었으나 이는 단순히 개발제한구역 내 건축물이 그 대상이다. 이에 대해서는 뒤에서 설명하기로 하고 여기에서는 정부정책에 따른 해제구역이 지속해서 증가할 것이 예상되므로 이를 이용한 투자 활용에 관해 기술하고자 한다.

필자 나름의 개발제한구역 투자법을 나눈다면 첫째, 법령, 지침, 가이드라인 등을 통해 구역해제가 예상되는 지역을 유추·예상해서 관리계획수립 전 경매로 취득하는 방법과 해당 지자체의 고시·공고 또는 언론의 관련 기사 등을 통해 해제 정보를 취득·분석하고 해당 지역의 경매물건을 검색해 취득하는 방법 등으로 나눌 수 있다.

전자의 경우 수익률은 높을 수 있겠지만, 이를 개인적으로 예상하여 미리 선점한다는 것은 사실상 쉽지 않은 일이다. 자금이 상당 기

---

* 개발제한구역 내의 주택소유자가 인근 다른 개발제한구역 내에 건축 허가를 받아 주택을 옮겨 지을 수 있는 권리

간 묶일 수 있는 리스크가 높은 공격형 투자자들의 투자 방법이다. 후자는 해제 확실성은 높지만, 누구나 알 수 있어 수익률이 떨어지는 안정형 투자자의 투자 방법으로 어떤 투자 방법이 정석이라고 단정할 수 없다.

다만 필자가 추천하고 싶은 투자 방법은 지자체 등의 필요에 따라 일정이상의 사업계획을 수립하는 단계에서 투자를 권장하고 싶다. 구역해제 정보취득, 투자 판단 및 결정 등을 감안한 결과를 갖고 선택하는 일이므로 이는 투자자 자신의 몫이다.

1. 개발제한구역의 해제 대상 지역

우선 정부의 발표에 따른 해제가 용이한 해제지역 선정기준은 개발수요 등을 감안할 때 향후 10년 내 실질적 개발·활용이 가능한 지역으로, 도시발전 및 지속할 수 있는 개발의 측면에서 아래 요건을 모두 갖춘 지역을 선정한다.

사례로 첨부한 양주시의 양주역세권개발 역시 개발수요 등 필요성에 따라 개발제한구역의 해제가 필요해 이루어지고 있다. 그러나 투자자 입장에서 이를 인지할 수 있는 것은 도시관리계획에 의한 고시 등이 나온 후다. 해제를 위한 주요 골격은 다음 내용에 따라 이루어지므로 이를 이용해 실전 투자에 이용하기 바란다.

▨ 지역 여건
기존 시가지·공단·항만 등과 인접해 여건상 주거·산업·물류단지

로 개발 시 경제적 효과가 큰 지역으로 도로 등 대규모 기반시설 설치 소요가 적은 지역

▨ 토지 특성

환경적으로 보전가치가 낮은 환경평가 3~5등급지(실제 현황이 다른 경우는 지자체가 국토부의 확인을 받아 시정을 허용) 중심으로 선정. 우량농지는 농림부와 협의가 이뤄진 경우 포함 가능

▨ 단위 규모

난개발 방지, 상하수도 등 기반시설 공급의 용이성 등을 고려해 20만㎡ 이상으로 설정, 다만 기해제된 지역 등과 결합해 단일구역으로 개발 가능한 지역은 완화 적용 가능

▨ 제외기준

위의 선정기준에 적합한 지역이라 하더라도 다음에 해당하는 지역은 그 지역 전체 또는 관계지역을 선정대상에서 제척한다.

Point

▷ 도시 간의 연담화*를 방지하기 위해 보전해야 할 지역(특별한 사유가 없는 한 원칙적으로 벨트 최소 폭 5km 이상 기준 적용) 및 다른 지역과의 심각한 갈등을 초래할 우려가 큰 지역

▷ 지가의 급등, 투기행위 성행, 지장물 남설 등 대상 지역에 대한 적절한 토지관리 실패지역

---

* 중심도시의 팽창과 시가화의 확산으로 인해 주변 중소도시의 시가지와 서로 달라붙어 거대도시가 형성되는 현상을 의미한다.(서울특별시 알기 쉬운 도시계획 용어)

▷ 개발과정에서 대규모 환경훼손이 수반되는 지역, 특히 산맥과 연결된 산지는 기준표고 70m 이상인 지역

▷ 수질 등 환경적으로 보전 필요성이 큰 지역 및 용수(지하수 외의 용수) 확보가 곤란한 지역

▷ 홍수 등 재해위험 지역 및 공항 주변 등 도시개발억제 필요지역

▷ 당해 개발 시 인접 지역의 급격한 쇠퇴, 재개발 곤란, 심각한 교통문제 등 도시문제를 크게 악화시킬 우려가 큰 지역

개발제한구역 해제 유형

Point

▷ 2만㎡ 이상의 국책사업, 지역 현안사업 지정지역

▷ 20호 이상의 집단취락 해제

▷ 도로, 철도, 하천개수로로 인해 단절된 1만㎡ 미만의 소규모 단절토지

▷ 1천㎡ 이하의 경계선 관통 대지

2. 해제 절차

광역도시계획 및 도시기본계획 변경

| 광역도시계획 변경 절차 |

공동입안(시·도지사, 국토부) ▶ 공청회 ▶ 지자체 의견(의회 등)
▶ 관계 중앙행정기관 협의 ▶ 중도위 심의 ▶ 국토부 승인

| 도시기본계획 변경 절차 |

입안(시장, 군수) ▶ 공청회 ▶ 지방의회 ▶ 관계기관 협의
▶ 지방도시계획위원회 심의 ▶ 지자체장 결정(시·도지사)

공법 지식이 적은 투자자들이 갖는 오해 중 하나는 국가 및 지방자치단체는 토지의 용도와 관련 없이 필요대로 사용할 수 있을 것으로 생각한다는 것이다. 그러나 국가와 지방자치단체라 하더라도 규정된 용도 이외의 사용은 할 수 없고 그 목적을 위해서는 법률에 따라 변경 절차 등을 밟아야 한다.

예로 개발제한구역의 해제는 단순한 민원청구 때문에 지자체가 민원 해결의 차원으로는 이를 해제할 수 없고 개발을 위한 지구지정 등 특정 목적이 있는 경우에 해제하게 되며 그 첫 단추가 바로 광역도시계획 및 도시기본계획의 변경에서 시작된다.

이때 최초 이루어지는, 계획을 준비하는 입안에 대해서는 투자자는 그 여부를 알 수 없는 행정입안이므로 무시하고, 입안 후 이루어지는 공청회 개최단계에 비로소 그 여부를 인지할 수 있게 된다. 이는 투자자 입장에서는 대단히 중요한 정보가 된다.

공정회란 국가 또는 지방자치단체 등이 법령 등에 규정된 일정한 사항을 결정할 때, 토지 투자자 등에게 공개적으로 의견을 듣는 것으로 투자자 입장에서는 공청회를 통해 해제지역의 여부를 사전에 얻을 수 있는 대단히 중요한 단초가 된다. 이런 공청회는 해당 시·군 홈페이지의 고시·공고 등을 통해 알 수 있고 지역신문을 통해 이를 공고하기도 하므로 관심을 기울여야 한다.

이외에도 사업추진계획서 등에 첨부된 토지이용계획이나 지형도면을 이용해 사업위치 및 편입 여부를 대략 파악할 수 있다.

▨ 도시관리계획 변경

| 도시관리계획 변경 절차 |

입안 ▶ 주민공람 ▶ 지방의회 ▶ 관계 중앙행정기관 협의
▶ 중앙도시계획위원회 심의 ▶ 국토부 결정

도시관리계획에서 투자자가 개발제한구역의 해제를 인지할 수 있는 단계가 공청회였다면, 이를 확정하기 위해 개발제한구역 내의 토지소유주 등에게 그 의견을 묻는 단계가 주민공람 단계다.

한마디로 주민공람이 있었다면 개발제한 구역의 해제는 기정화된 사실로 볼 수 있다. 주민공람(열람)이란 행정청의 행정사항에 관한 결정·인가·변경 등에 있어 그 내용에 대한 토지소유주 및 이해관계인 등의 의견을 듣기 위해 일정 기간 관계 서류 등을 공개하는 절차 행위를 말한다.

특히 도시계획의 결정·인가·변경은 경우에 따라 다양한 사회적 영향을 미칠 수 있으므로 도시관리계획을 입안하는 경우 국방상 또

는 국가안전보장상 기밀을 필요로 하는 사항이나 일부 경미한 사항이외에는 열람 공고를 통한 주민 의견청취를 의무화하고 있다. 또한 열람 공고를 통해 의견이 제출된 경우에는 제출된 의견의 반영 여부를 검토해 60일 이내에 의견 제출자에게 통보하도록 하고 반영된 의견이 중요한 사항일 경우에는 재열람 공고해서 다시 의견청취 절차를 거쳐야 하는 등 절차에서 중요한 비중으로 다루어지고 있다.

이때 공람에 따른 의견 제출 시 개발제한 구역의 토지소유주들이 공원 자연구역으로 지정되는 등 특이한 경우를 제외하고 개발제한 해제를 반대하는 일이 없으므로 지정해제가 취소되는 일은 없을 것으로 보인다.

참고로 일반적인 도시계획 사항의 열람 공고의 방법은 다르므로 참고하기 바라며 열람 공고 방법 및 기간은 다음과 같다.

① **도시관리계획 입안, 기반시설부담구역의 지정 변경 및 기반시설 부담계획 열람 공고**

Point

▷ 방법 : 도시관리계획안의 주요 내용을 당해 특별시·광역시·시 또는 군의 지역을 주된 보급지역으로 하는 두 개 이상의 일간신문과 당해 특별시·광역시·시 또는 군의 인터넷 홈페이지 등에 공고

▷ 기간 : 14일 이상

② 도시계획시설 실시계획 인가 열람 공고

▷ 방법
  · 국토해양부 장관이 하는 경우 : 인가신청의 요지 및 열람의 일시 및 장소에 대해 관보나 전국을 보급지역으로 하는 일간신문에 게재한다.
  · 시·도지사가 하는 경우 : 실시계획 인가신청의 요지 및 열람의 일시 및 장소에 대해 당해 시·도의 공보나 당해 시·도의 지역을 주된 보급지역으로 하는 일간신문에 게재한다.
▷ 기간 : 20일 이상(변경의 경우 14일 이상)

③ 도시주거환경정비 기본계획 수립 및 변경 열람 공고

▷ 방법 : 공람의 요지 및 공람장소를 당해 지방자치단체의 공보 등에 공고한다.
▷ 기간 : 14일 이상

④ 정비계획의 수립 및 정비구역 지정 열람 공고(도시 및 주거환경 정비법)

▷ 방법 : 공람의 요지 및 공람장소를 당해 지방자치단체의 공보 등에 공고한다.
▷ 기간 : 30일 이상

⑤ 정비사업의 사업시행인가 및 사업시행계획서 작성

Point

▷ 방법 : 사업시행요지와 공람장소를 당해 지방자치단체의 공보 등에 공고하며, 이 경우 주택재개발사업·주거환경개선사 업 및 도시환경정비사업의 경우에는 토지 등 소유자에게 공고내용을 통지한다.

▷ 기간 : 14일 이상

⑥ 토지이용규제 기본법에 의한 열람 공고

Point

▷ 방법 : 지역·지구 등의 지정안의 주요 내용을 특별시, 광역시, 시 또는 군의 지역을 보급 지역으로 하는 2개 이상의 일간신 문, 그 지방자치단체의 게시판 및 홈페이지에 공고한다.

▷ 기간 : 14일 이상

【참고 30】해제 절차(국책사업)

구분	절차	근거	내용
국토부장관	기초조사 ※ 시장·군수 협조	법 제6조제1항	• 인구·경제·사회·문화·교통·환경·토지이용 등
국토부장관	도시관리계획 입안서 작성	법 제4조제3항	• 도시관리계획(변경) 결정도서 (훼손지복구 계획포함)
시장군수도지사	지자체 의견 청취 주민공람 및 의견 청취 • 시의회 의견 청취 • 경기도 종합의견	법 제7조제1항, 제6항	• 2개 이상 일간신문 공고 • 14일 이상 일반열람
국토부장관	도시관리계획 결정(변경)	법 제4조제1항	• 관련 부처 협의(30일) • 중앙 도시계획위원회 상정 • 안건 검토보고 및 심의
국토부장관	중앙 도시계획위원회 심의	법 제8조제3항	• 중앙 도시계획위원회 심의결과 보고
국토부장관	도시관리계획 결정(변경)·고시	법 제8조제6항	• 관보 게재
국토부장관	지형도면 고시	법 제9조, 토지법 제8조	• 관보 게재 • 도시관리계획 결정고시 후 2년 이내 ※ 2년 이내 미이행시 효력 상실

【참고 31】 해제 절차(지역사업)

	기초조사	법 제6조제1항	• 인구·경제·사회·문화·교통·환경·토지이용 등
시장군수	도시관리계획 입안서 작성	법 제4조제3항	• 도시관리계획(변경) 결정도서
	주민 및 지방의회 의견청취	법 제7조제1항, 제5항	• 2개 이상 일간신문 공고 • 14일 이상 일반열람 • 공람기일 내 제출된 주민의견에 대해 공람기일이 끝난 날부터 60일 이내 반영 여부 통보
	도시관리계획 결정(변경) 신청	법 제4조제1항	
도지사	도 도시계획위원회 심의 ※ 지구단위계획 수립시 공동위 심의 병행	국계법제113조 제1항제2호	• 관계 행정기관의 장과 협의(30일) • 전략환경영향평가 협의 ※ 환경영향평가법시행령 제7조제2항 및 제22조제2항 관련 [별표2] • 사전재해영향성검토 협의 ※ 자연재해대책법시행령 제6조제1항 관련 [별표1] 비고2의 나목 • 도 관련부서 협의 및 관련법 검토 • 협의의견에 대한 조치계획 징구(시군) • 안건 검토보고(실장전결) • 도 도시계획위원회 상정 • 안건 제출(2주전, 도시정책과)
			• 도 도시계획위원회 심의결과 보고 • 심의결과 조치계획 징구(시군) • 조치계획 및 심의결과가 반영된 도시관리계획결정 도서 확인
	도시관리계획 결정(변경)·고시	법 제8조, 제9조	• 관보 게재(고시한 날부터 효력 발생)
	지형도면 고시	토지법 제8조	• 도보 게재(고시한 날부터 효력 발생)

규제개혁장관회의에서 발표한 주요 내용은 다음과 같다.

1. GB 해제 관련 규제 완화

① 해제 절차 간소화

그간 GB는 국토부의 중앙도시계획위원회 심의를 거쳐 해제해왔으나(2년 이상 소요), 지자체가 중·소규모(예 : 30만㎡ 이하)로 해제해 추진하는 사업의 경우 시·도지사가 해제할 수 있도록 권한을 부여해 해제와 개발 절차를 일원화함으로써 개발사업에 걸리는 기간을 1년 이상 단축합니다.

> * 08~14년간 해제된 46개소 중 30만㎡ 이하가 26건(57%)
> → 2016년 상반기 해제권한 도지사에게 위임됨

다만 무분별한 해제 방지를 위해 현 해제 총량 범위 내 허용, 관계부처 사전 협의, 2년 내 미착공 시 GB 환원 규정 신설, 환경등급 높은 지역은 제외, 충분한 공익 용지 확보 등 안전장치도 마련했습니다.

② 경계지역 GB 해제 요건 완화

해제된 집단취락에 의해 단절된 1만㎡ 미만의 개발제한구역도 해제할 수 있도록 규제를 완화하고, 개발제한구역 경계선이 관통하는 1천㎡ 이하의 토지를 해제하면서 섬처럼 남게 되는 소규모 개발제한구역도 함께 해제해 주민의 불편을 해소하고 토지 활용도를 높일 계획입니다.

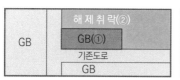

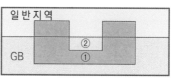

| 집단취락이 GB에서 해제됨(②)에 따라 | GB 경계선이 관통하는 대지(①)를 해제 |
| GB가 단절된 경우(①) 해제 허용 | 하면 섬처럼 남는 GB(②)도 해제 허용 |

소규모 단절토지 해제

• 도로, 철도 또는 하천 개수로로 인해 소규모(1만㎡ 미만)가 발생하고 소규모 토지는 개발제한구역이 아닌 지역과 접할 것

세부사항

• 도로는 소규모단절토지에 접하고 도시계획시설로 설치된 중로2류(15m 이상)이어야 하지만 다음의 경우에 해당하면 도로로 인정하지 않는다.

  – 실제 도로 폭이 15m 이상이라도 도시계획시설이 아니 현황도로이거나 중로3류 이하로 결정된 경우

  – 중로2류 이상으로 결정되었지만, 실제 설치되지 않은 경우이거나 실제 도로 폭이 15m 미만인 경우

• 개발제한구역이 아닌 지역이란 개발제한구역으로 지정되지 않았던 지역분만 아니라 개발제한구역에서 해제된 지역*도 포함된다.

---

* 개발사업지(주거단지, 산업 단지 등)

- 집단취락 지역 해제와 도로·철도·하천 개수로 설치의 순서와 상관없이 소규모 단절토지가 발생한 경우 개발제한구역해제가 가능하다.
- 해제된 취락과 도로 사이에 1만㎡ 이상의 토지가 발생했으나 경계선 관통 대지(필지)해제로 인해 1만㎡ 미만의 토지가 되는 경우에도 소규모 단절토지에 해당해 대상으로 된다.

경계선 관통 대지* 해제

【그림】 경계선 관통 대지

- 국, 공유지, 공공시설부지, 해제 시 개발제한 구역인 연접토지가 섬처럼 남게 되는 경우(연접토지가 1천㎡ 초과하는 경우에 한함), 부할, 합병으로 경계선 관통 대지 기본요건을 상실한 경우는 해제대상에서 제외된다.

- 해제 시 구역 경계선이 심각하게 부정형으로 되는 토지(해당 지자체 기준), 환경영향평가 1~2등급토지는 도시계획심의위원회 심의를 통해 해제 여부를 결정한다.

집단취락 해제

집단취락 면적 1만㎡당 주택 10호 이상의 밀도를 기준으로 주택이 20호인 취락

---

* 개발제한구역의 경계선이 관통하는 토지

- 주택은 도시관리계획 입안의 기준일(주민공람 공고일) 당시 개발제한구역 건축물관리대장에 등재된 주택을 기준으로 산정
- 개발제한구역지정 당시부터 있던 공동주택(가구당 1호) 및 무허가주택(1호)
- 주택으로 용도변경이 가능한 근린생활시설과 사회복지시설
- 주민 공동이용시설 중 건축법령에 따른 근린시설에 해당하는 시설
- 개발제한구역 지정 당시부터 지목이 대(垈)인 토지(1필지당 주택 1호)
- 개발제한구역 지정 당시 주택지 조성을 목적으로 허가를 받아 조성 중이거나 조성된 토지

집단취락으로 해제하는 경우 개발제한구역에서 해제할 수 있는 면적은 당해 취락을 대상으로 다음의 면적 범위 내로 한다.

- 조성대상취락의 해제 가능한 총면적(㎡) = 취락을 구성하는 주택의 수(호) ÷ 호수밀도(10호~20호/10,000㎡) + 대규모 나대지 등의 1,000㎡ 초과 부분의 면적 + 도시계획시설 부지 면적(㎡)

2. 축사 등 훼손지 복구 촉진

GB 내 축사 등 건축물이 밀집하거나 무단 용도변경으로 훼손된 지역들을 해소하기 위해 '공공기여형 훼손지 정비제도'를 도입합니다.

지난해 말 17년까지 이행강제금 징수를 유예하기로 하면서 이에 따른 후속 대책으로 주민들이 직접 훼손지를 공원녹지로 조성(30% 이상)해 기부채납하는 경우 개발(창고 설치)을 허용하는 것으로써, 17년까지 한시적으로 시행합니다.

18년 이후에는 이행강제금 상한(현재 연 1억 원)이 폐지되고, 향후 벌금 상향도 검토할 계획으로 훼손지에 대한 관리가 강화됐습니다.

이번 조치로 70만㎡ 이상의 훼손지가 정비되고, 이 중 20만㎡가 공원녹지로 조성(소공원 100개 조성 효과)되어 개발제한구역의 기능 회복에 기여할 것이라고 기대됩니다.

3. 개발제한구역 입지규제 완화

사례 경기도

- A마을 운영위원회 사무장인 K씨는 산수유 특화마을로 시에서 지정받아 주말 농장체험 등의 다양한 프로그램을 운영하고 있다. 그간 기존시설을 활용해 겨우 운영해오고 있었지만, 가족단위 체험 등 방문객이 증가하고 있어, 체험시설을 제대로 갖추고 일부 판매시설도 설치하고 싶다. 하지만 GB에는 체험, 판매 등의 시설 설치가 어렵다고 해서, 포기했다.

- 2년 전 가족과 함께 GB로 이주한 P씨는 다니던 직장을 그만두고 GB 내 음식점을 인수하여 사업을 하려고 한다. 처음으로 운영하는 식당이라 증축도 하고 주차장도 제대로 갖추고 싶었다. 하지만 5년 이상 거주해야 음식점을 증축할 수 있고, 주차장도 설치할 수 있다고 해서 포기했다.

- 3년 전 GB에서 주유소를 인수하여 운영하고 있는 L씨는 지역주민들이 여긴 세차장도 없냐고 핀잔줄 때마다 스트레스다. 큰마음 먹고 세차장을 설치하는 김에 편의점 등도 추가로 설치하려고 지자체에 문의했지만, GB 내 주유소에는 지정 당시 거주자만 세차장 설치가 가능하고, 편의점 등의 설치는 불가하다고 해서 포기했다.

앞으로는 이러한 불편이 모두 해소될 수 있을 것으로 예상됩니다.

① 주민 소득증대를 위한 규제 개선

지역 특산물의 소규모 가공시설 정도만 허용했으나, 앞으로는 판매, 체험 등을 위한 시설 설치가 허용됩니다. 규모를 확대하고 (200→300㎡), 마을 공동으로 설치하는 경우에는 1,000㎡까지 설치할 수 있습니다.

구 분	현행(지역특산물가공작업장)		개선(지역특산물가공판매장)
설치주체	지정당시·5년이상 생산자	⇨	기존 + 마을공동
용 도	가공		가공, 판매, 교육 등
규 모	200㎡		300㎡, 마을공동은 1,000㎡

또한, 마을 공동으로 농어촌체험·휴양마을 사업을 추진하는 경우에는 숙박·음식·체험 등 부대시설(2,000㎡) 설치가 가능해집니다. 이외에도 콩나물 등 품종별로 허용했던 농작물 재배 시설을 친환경 농업을 위한 작물 재배가 가능토록 '작물재배사'로 통합할 계획입니다.

※ (현행) 콩나물 재배사 300㎡, 버섯 재배사 500㎡ 등

→ (개선) 작물재배사 500㎡

② 시설 허용 기준 완화

5년 거주 기준을 폐지해 거주 기간에 따른 주택 등 시설 증축 차등이 완화되고, 취락지구 내 음식점도 형평성을 감안해서 건축규제(건폐율 40%까지 건축 가능)를 완화합니다.

〈거주기간에 따른 설치기준 차등화 완화〉

구 분	주택·근생	부설주차장
GB전 거주자	300㎡	가능
5년 이상	232㎡	가능
일반	200㎡	불가

⇒

구 분	주택·근생	부설주차장
GB전 거주자	300㎡	가능
일반	232㎡	가능

주유소에 세차장이나 편의점과 같은 부대시설 설치가 가능해지고 인수한 자도 이를 설치할 수 있도록 개선됩니다.

③ 지정 당시 기존 공장 증축 규제 완화

공장의 경우 GB 지정 당시 연면적만큼만 추가로 증축을 허용하고 있어 당초 연면적이 너무 작은 공장의 경우 증축이 곤란했는데, 앞으로는 기존 부지 내에서 건폐율 20%(보전녹지 지역과 동일)까지 증축이 허용됩니다.

※ GB 내 공장 총 112개 중 GB 지정 당시 건폐율 10% 이하는 13개

4. 토지매수 및 주민지원 사업 지원 강화

그간 재산권 보장, 녹지축 유지 위해 국가에서 토지를 매수해 관리 중이고, 주민불편 해소를 위해 주민지원 사업을 시행하고 있었습니다.

※ 토지매수는 04~14까지 총 4,975억 원 투입, 22.3㎢를 매입해 관리 중, 주민지원사업 등은 01~14까지 총 9,110억 원 투입, 생활편익(도로 등), 복지(마을회관 등), 소득(공동작업장 등) 등 다양한 분야를 지원 중입니다. 앞으로는 GB 개발 시 부과하는 보전부담금을 투입해 토지매수 및 주민지원을 강화할 계획입니다. 작년의 경우 1,500억 원 정도의 부담금이 징수된 바 있어 향후 5년간 7,500억 원이 GB 관리에 투입될 경우 토지매수 확대로 녹지대 조성 등 GB로서의 기능 회복과 주민지원 사업 확대로 생활환경 개선에 기여할 것으로 기대됩니다.

【참고 33】 개발제한구역 전국현황도

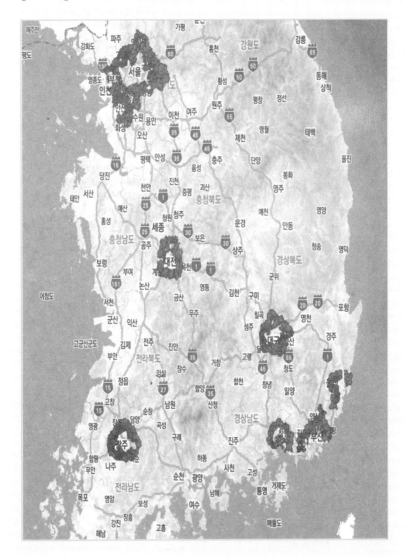

【참고 34】 개발제한구역 수도권역

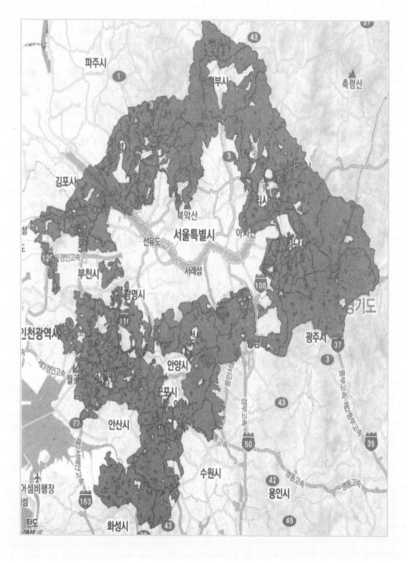

【참고 35】개발제한구역 대전광역시권역

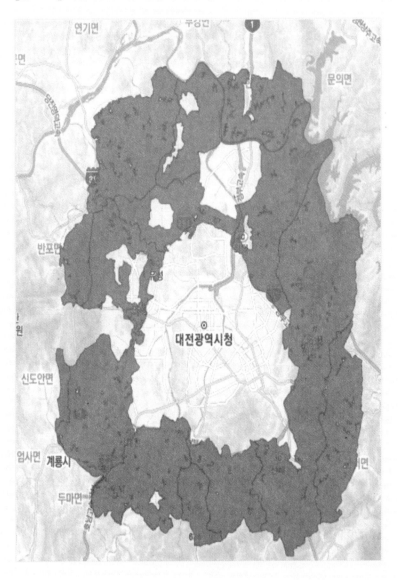

경매로 장기 미집행시설 일몰제와 그린벨트 해제를 활용하라

【참고 36】 개발제한구역 대구광역시권역

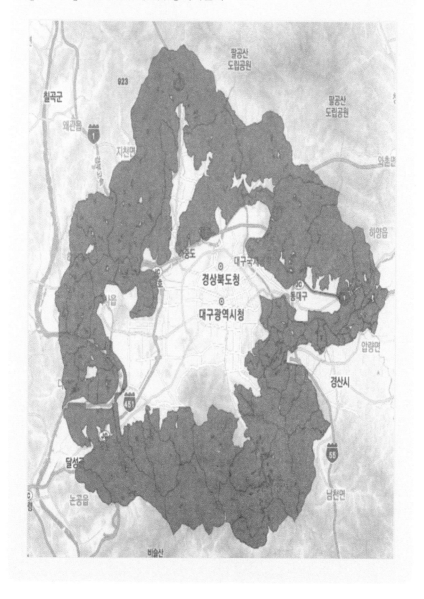

【참고 37】 개발제한구역 부산광역시권역

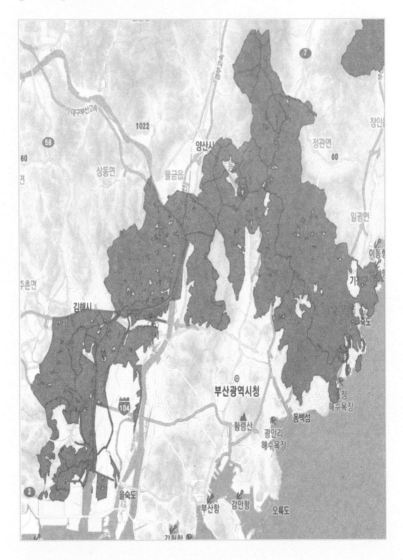

| 경매로 장기 미집행시설 일몰제와 그린벨트 해제를 활용하라

【참고 38】 개발제한구역 울산광역시권역

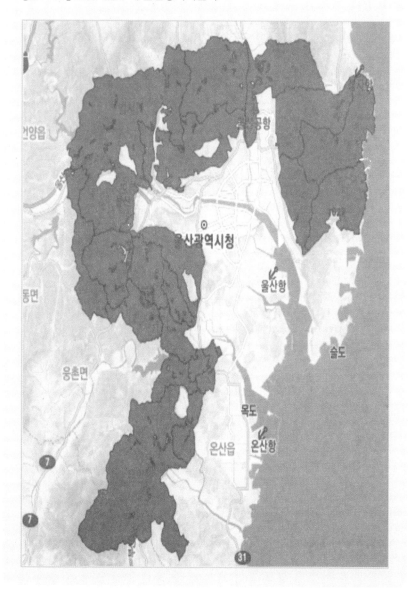

【참고 39】 개발제한구역 마산·진해·창원권역

【참고 40】개발제한구역 광주광역시권역

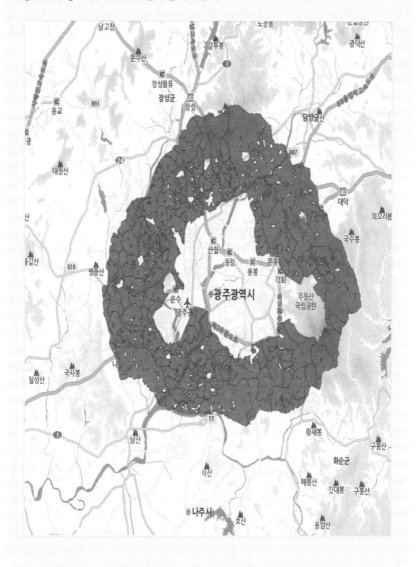

개발제한구역 해제와 투자 활용

1. 개요

　부동산경기의 장기불황은 일반경기파급이 우려되기에 정부는 부동산 활성화 정책발표를 하게 된다. 발표 내용의 강도에 따라 시장 반응은 달라지며 때에 따라 백약이 무효인 경우도 있지만, 관련 부동산 매물이 하룻밤 사이에 종적을 감추는 등 널뛰기식 반응을 보이기도 한다.

　그러나 모든 부동산 정책이 시장 간섭을 통해 안정화를 꾀하려는 직접적인 처방만이 있는 것이 아니라 정권의 공약이행을 위한 성격을 갖는 정책이 발표되기도 하는데, 이런 종류의 부동산 정책발표는 즉각적인 시장반응이 나타나는 경우는 그리 많지 않은 듯하다.

　이에 투자자들 역시 시장변동에 따른 정책발표에는 민감한 대응을 하지만 공약이행 성격의 정책발표에는 반응속도가 둔감해지는 경향을 나타낸다. 이를 신체의 병에 비유하자면 시장조절을 위한 정책은 외상과 같아 피부에 상처가 나고 따가워 호들갑스럽게 즉시 반응을 보이지만, 공약이행을 위한 정책은 암에 걸린 것처럼 초기에는 아프거나 통증이 없어 무신경하게 넘어간다. 그러다가 말기가 되면 엄청난 고통이 오고 목숨을 건 대수술을 하게 된다.

이는 적용 기간에서도 차이를 보이게 되며 시장조절을 위한 정책은 시장 안정이 목적이므로 한시적·단기적 처방인 경우가 많지만, 공약이행을 위한 정책은 정권 기간이 시한 내가 되어 비교적 시장조절 정책보다는 장기적 성질을 가진 경향이 많다.

정책의 목적 차이를 투자자 입장에서 볼 때 시장개입을 위한 정책은 비교적 단기성 투자가 유리하다. 반면 공약이행 성격의 정책은 정권 초기에 투자하는 것이 유리해 보이고 정권 말기에는 아무래도 레임덕 현상 등으로 이행 의지가 떨어지므로 가급적 투자 시 유의를 할 필요성이 있다고 보여진다.

그러나 공약이행 성격의 정책이라 하더라도 모든 정권이 공통으로 수립하는 정책이라면 사정은 달라진다. 이런 대표적인 정책 중 하나가 그린벨트와 관련된 내용으로 역대 정권들은 그린벨트 지정을 담는 공약보다는 해제를 추진하겠다는 공약이 주를 이루어왔다.

그 결과 절대적 투자성이 없어 투자 기피대상이었던 개발제한구역에 대한 투자 개념이 바뀌게 되었고, 점차 장기 미집행 도시계획시설 일몰토지와 그린벨트 해제 토지에 투자하려는 부동산 투자자들이 증가하게 되었다.

그러나 양지가 있다면 음지가 생기는 법이기에 일부에서는 이런 투자자들의 무지와 심리를 이용해서 곧 개발제한구역 해제가 임박한 것처럼 광고해 기획분양에 이용되기도 한다.

물론 기획분양이라고 해서 모든 그린벨트 내 분양토지가 허무맹랑하다고는 할 수 없다. 그러나 분양기획사 중 사실과 다른 내용을 가공하여 투자자를 현혹하는 일이 상존하고 있고 필자의 보잘것없는 지식이지만 아무리 보아도 도무지 투자 가치가 없을 것 같은 개발제한구역 토지를 마치 엘도라도가 될 듯 광고하는 것을 보고 있노라면 기가 막힐 뿐이다.

물론 이 방법도 본서에서 저술을 목적으로 하는 활용 방법(?)의 한 종류가 아니겠냐고 농담을 던질 수도 있겠지만, 필자가 말하는 투자 활용의 근간은 법령 및 규정, 정부발표 등 적법한 경우를 상정하는 것이며 이를 악용해 자기 배 속만을 채우려는 투자에 대해서는 단호히 배척한다.

그러나 아직도 일부 투자자들은 불법이 높은 수익으로 연결될 것으로 생각하는 그릇된 사고를 가질 수가 있기도 하고 이와 반대로 정부나 지자체의 언론발표만을 전적으로 신뢰해 이를 믿고 기대했다가 실망으로 이어지는 경우도 있다.

개발제한구역 해제와 관련해 본서에서도 참고로 첨부한 정부의 그린벨트 해제 발표의 내용을 단편적으로 이해해서 기대하지만, 투자자의 기대와 달리 소유주의 요청이나 재산권의 침해 또는 지침에 나오는 도로 또는 하천 등으로 단절되어 있다는 이유만으로 개발제한구역의 토지가 갑자기 구역지정에서 해제되는 일은 있을 수 없다. 개발사업 등 반드시 해제되어야 하는 합리적 이유가 있어야 하고 또 절차에 의해 해제한다는 것이다.

그중 가장 대표되는 합리적 이유가 공익사업 등이 예정된 경우다.

그러나 이 역시 공익사업이 예정되어 있다고 해서 무조건 해제되는 것이 아니고, 앞에서 이야기한 것과 같이 도시관리계획 등에 의해 그 절차를 따라야 한다.

만약 이에 따른 절차를 따르지 않은 경우 엄격한 처벌을 받게 된다. 그 예로 경기도 의왕시가 왕송호수 인근에 있는 '왕송못서길' 도로 확장·포장 공사를 벌인 데 대해 의왕 경찰이 그린벨트 불법 훼손 혐의로 관계 공무원을 조사했다. 이는 비록 해제 주체라 하더라도 그 절차를 반드시 거치지 않은 경우에는 불법 훼손이 되어 예외가 인정되지 않음을 보여주고 있다.

이런 개발제한구역의 해제는 투기를 방지하기 위해 비밀리에 이루어지는 것이 아니고 법령에 규정된 엄격한 절차에 의해 고시되고 진행되므로 이를 활용한다면 더욱 손쉬운 그린벨트 토지에 투자할 수 있다.

그러나 실무에서는 투자자들의 투자 욕구에 비해 이에 대한 지식이 얕거나 활용능력이 떨어지는 경우가 많고 때에 따라서는 출처도 없는 소문만 믿고 언제 풀릴지도 모르는 토지에 투자하는 등 이해할 수 없는 투자들이 일어나고 있어 안타까울 뿐이다.

개발제한구역에 대한 재미있는 현상 중 하나는 개발제한해제가 예정된 구역이 아무나 알 수 없는 국가기밀에 해당하는 고급정보인 양 인식되어 있다는 것이다. 거기에 고위직 공무원들의 투기에 이용되는 전유물인 것으로 오인하는 경우도 있다.

하지만 사실은 대한민국 국민이라면 누구나 약간의 공법지식과 이를 활용할 수 있는 능력을 갖춘다면 얼마든지 인지할 수 있는 내용이다. 그러나 비정상적인 루트로 취득한 정보만을 신뢰하는 이상한 현상을 보면 안타까움은 개탄으로 바뀐다.

수많은 정보가 핸드폰 하나만 있다면 누구나 알 수 있는 최첨단시대를 살아가면서 아직도 구시대 유물인 독점정보가 돈이 된다는 불편한 진실을 믿는 70년대식 부동산에 대한 사고에서 벗어날 수 있길 바란다.

누구라도 알 수 있고 누구나 손쉽게 할 수 있다는 사실을 증명하기 위해 양주역세권 개발의 사례를 살펴보도록 하자.

우선 양주역세권 개발사업 구역은 2016년 5월 12일 국토교통부가 개발제한구역에서 해제, 고시했다. 개발이 예정된 지역에 그 개발제한구역을 해제하게 되는데 양주시청과 1호선 전철 양주역 일대에 대해 역세권개발사업을 시행하기 위해 해제에 이르게 된 것이다.

참고로 현재 양주역세권개발사업은 양주시와 민간출자자가 공동출자한 양주역세권개발 PFV(프로젝트 금융 투자 회사)에서 도시개발사업방식으로 시행되고, 2017년까지 토지보상을 마무리해서 2020년까지 사업을 완료한다는 계획으로 알려졌다.

그런데 여기에서 투자자에게 중요한 것은 시행방식이나 개발종료 시점보다는 개발제한구역해제 여부를 어떻게 인지할 수 있는지의 문제가 우선일 것이고, 독자들 역시 이것이 가장 궁금할 것이다.

답은 의외로 간단하다. 양주시가 역점을 두고 추진하는 양주역세권개발계획이 발표된 시점에서 볼 때 앞서 의왕시의 사례에서도 알 수 있듯이 개발주체라 하더라도 해당 개발지역이 그린벨트로 묶여 있다면 개발제한구역이 해제되어야 하는 것은 당연한 사안이다. 이는 누구나 충분히 예측 가능한 일이 된다.

그러므로 공익사업을 위한 개발계획을 알아두면 그린벨트의 해제지역을 알 수 있다. 정부 및 지자체는 매일 개발소식을 쏟아내고 있고 이는 신문방송을 통해서도 매일 보도되고 있다.

즉, 개발제한구역해제가 되는 지역을 신문이나 방송을 통해 거의 매일 알려주고 있다는 말이다. 하지만 투자자들은 오늘도 국가1급 기밀급 그린벨트 해제 정보에 목말라하고 있다.

등잔 밑이 어둡다고 옆에 있는 우물을 두고 또 다른 샘을 파는 것과 무엇이 다른지 묻고 싶을 뿐이다.

아래 기사들은 양주역세권개발에 관해 시간대별 기사들을 발췌해 놓은 것으로, 2012년 이전부터 양주시는 양주역세권개발을 위해 그린벨트 해제를 추진해왔음을 알 수 있다.

양주역세권개발사업은 경기 북부중심 거점 도시로 문화·행정·주거가 어우러진 미래형 복합도시로 발전시키기 위해 2007년 수도권 광역도시계획에 포함됐다. 그러나 사업범위가 광범위해 2012년 양주역세권 사업으로 축소 추진되었으며 개발사업부지 64만3천㎡에는 공공·행정업무시설 3만4천㎡, 주차장 용지 1만3천㎡, 상업 및 편익시설과 2천62세대가 거주할 수 있는 공동주택(9만6천㎡)이 건설되는 양주시의 역점 개발사업이다.

경기도 양주시는 경원선 양주역 주변 개발을 위한 민간 투자자 모집에 앞서 이 일대를 그린벨트(개발제한구역)에서 해제하는 방안을 추진한다고 2일 밝혔다.

사업성 문제로 대기업이 참여를 꺼리는 데다 참여를 희망한 일부 업체는 자격에 미달한다고 판단했기 때문이다. 양주시는 이른 시일 내에 개발제한구역 해제 안을 경기도에 승인, 신청하기로 했다.

시는 2015년 완공을 목표로 양주역 일대 145만4,250㎡에 민간사업자와 공동개발 방식으로 8,648억 원을 들여 행정타운을 조성할 계획이다. 행정타운에는 공공기관과 상업시설이 들어설 예정이다.

법원과 검찰을 유치해 법조타운을 조성하는 방안도 검토 중이다.

이를 위해 시는 지난해 3월과 11월 두 차례 민간 투자자를 공모했다. 두 개 이상의 법인으로 구성된 컨소시엄 형태의 민간사업자를 원했으나 응모 업체가 자격에 미달하는 등 모집에 실패했다. 시는 이에 따라 우선 남양동 일대를 개발제한구역에서 해제하고 도시개발지구 지정과 개발계획 승인 등 행정 절차를 마친 뒤 사업성을 높여 민간 투자자를 모집하기로 했다.

2012. 7. 2. 건설경제신문

2. 취락지구

개발제한구역은 도시지역 내 자연녹지·생산녹지·보전녹지에 적용되는 규제책 중의 하나다.

그린벨트는 도시의 무분별한 팽창과 공해 방지 등 환경보전을 위해 지정된 구역이지만 여기에도 구역지정 이전부터 주민들의 생활 근거지가 되는 주택 등이 있다.

이처럼 개발제한구역이나 자연환경보전지역 내에서 생활을 영위하는 부락을 묶어 취락지구라고 칭하고 이는 국토계획법상 용도 지구의 하나에 해당한다.

취락지구는 개발제한구역 해제와 관련한 발표가 있을 때마다 빠지지 않는 단골메뉴 중 하나다. 그린벨트 투자에 관심을 갖는다면 당연히 알아두어야 하는 것이 취락지역에 대한 내용이다.

취락지구는 자연취락지구와 집단취락지구로 구분할 수 있는데 자연취락지구는 녹지지역·관리지역·농림지역·자연환경보전지역 안의 취락을 정비하기 위해 지정하는 취락지구이고, 집단취락지구는 개발제한구역 안의 취락을 정비하기 위해 지정하는 취락지구이다.

개발제한구역과 관련이 높은 집단취락지구로 지정되기 위해서는 다음과 같은 요건을 갖춰야 한다.

Point

▷ 취락을 구성하는 주택의 수가 10호 이상일 것

▷ 취락지구 1만㎡당 주택의 수(호수밀도)가 10호 이상일 것(다만, 지역의 특성상 도시계획조례에 따라 호수밀도를 5호 이상으로 할 수 있다)

▷ 취락지구의 경계설정은 도시관리계획 경계선, 다른 법률에 의한 지역·지구 및 구역의 경계선, 도로, 하천, 임야, 지적경계선 기타 자연적 또는 인공적 지형지물을 이용하여 설정하되, 지목이 대인 경우에는 가능한 한 필지가 분할되지 아니하도록 할 것

취락지구로 지정된 지역에는 해당 용도지역 및 용도구역에서의 규제보다 완화된 건축제한과 건폐율을 적용받게 되며, 공공에서는 취락지구 안의 주민의 생활편익과 복지증진 등을 위한 사업을 시행하거나 이를 지원받을 수 있다.

다만 이 책의 독자들은 취락지구내 거주보다는 단기 투자 목적인 경우가 많을 것으로 사료되므로 그린벨트 내 주거용 건축물을 주요 대상으로 하되, 용마루라고 별칭되는 이축권에 대해 주로 서술하도록 하겠다.

자연취락지구는 주택의 정비와 주민복지시설 또는 소득증대를 위한 생산시설 등의 설치를 위해 계획적인 관리가 필요한 지역에 지정되지만 집단취락지구는 취락을 정비하기 위해 지정된다.

취락지구의 지정 목적에서도 알 수 있다시피 집단취락지구는 보전이 아닌 정비 또는 이전이 주된 목적으로 집단취락의 정비에 해당한다면 개발제한구역의 해제대상이 될 것이고 이전이라면 이축에 해당할 것이다. 투자자 입장에서는 이 두 가지 모두 수익을 창출할 방법으로 활용할 수 있을 것이다.

3. 투자 리스크

투자란 미래의 불확실성에 대해 예상하고 자산을 투여해 수익을 기대하는 행위라고 할 수 있다. 만약 확실성이 보장된다면 이는 사실fact이 되어 투자에 해당하지 않을 것이고, 따라서 투자는 수익만이 아니라 손실도 수반하게 되는 것이다. 이때 일어나는 손실가능성을 리스크라고 하고 이런 리스크를 얼마나 통제하거나 회피할 수 있는가에 따라 수익이 결정된다.

투자 격언 중에 하이 리스크 하이 리턴high risk high return이란 말도 있듯이 수익률이 높다면 손실 가능성도 크고, 이는 모든 투자 행동에는 적용된다. 따라서 부동산 투자에도 리스크는 반드시 상존하기에 현명한 부동산 투자자라고 한다면 리스크에 대한 파악도 해야 한다.

이에 앞에서 언급한 장기 미집행시설의 리스크로 도시공원구역지정이 있음을 밝혔고 본 장의 주요 서술대상인 개발제한구역 투자에도 리스크는 상존하고 있다.

개발제한구역은 택지조성, 산업 단지 조성 등 공익사업시행을 위해 개발이 예정된 구역이 그 대상으로 해제되는 경우가 많은데, 이런 개발사업이 적기에 이루어지지 않는 경우로 인해 발생하게 된다.

즉, 개발제한구역의 해제에 관한 도시관리계획 결정, 고시된 날부터 2년이 되는 날까지 관련 개발사업이 착공되지 않은 경우에는 그다음 날부터 개발제한구역으로 환원되는 위험성이 있다는 것이다.

한마디로 개발제한구역의 해제 목적이 개발사업이었으나 개발이 이루어지지 않아 종래대로 개발제한구역을 재지정하게 될 리스크가 있는 것이다.

【참고 41】도시관리계획 결정(변경) 공고

【참고 42】도시관리계획 확인 방법

1. 해당 지방자치단체 홈페이지 접속(예, 양주시청)

2. 해당 홈페이지의 행정정보 메뉴 클릭

3. 행정정보의 고시·공고 클릭

4. 상단 검색에서 해당 개발사업명 등을 입력 후 검색(예 : 양주역세권)

※ TIP

해당 지방자치단체별로 구성이 다르고 지자체장이 바뀌면 홈페이지가
바뀌는 경우가 대다수이므로 모든 고시·공고 메뉴가 반드시 행정정보
에 있지 않음을 유의하기 바라며 첫 화면에 노출되어 있지 않을 경우
사이트맵을 통해 고시·공고 등 필요메뉴를 찾으면 편리함

양주시 공고 제2013 - 820호

공 고

　「2020 수도권 광역도시계획」에 반영된 양주시 개발제한구역 조정 가능지 중 양주역세권 개발사업(1단계) 대상지에 대한 개발제한구역을 해제하기 위해 「개발제한구역의 지정 및 관리에 관한 특별조치법」 제7조 및 「환경영향평가법」 제13조 규정에 따라 양주 도시관리계획 변경 결정(안) 및 전략환경영향평가서(초안)에 대해 주민 의견을 청취하고자 다음과 같이 공고하오니 의견이 있으신 분은 의견 제출 기한 내 서면으로 의견서를 제출해주시기 바랍니다.

2013. 5. 30.

양 주 시 장

1. 도시관리계획 변경 결정(안) 조서 및 사유서

가. 도시관리계획(용도구역) 변경 결정(안) 조서

구분	구역명	위치	면 적(㎡)			비고
			기정	변경	변경 후	
변경	개발제한구역	경기도 양주시 남방동 52번지 일원	77,214,611	감)973,727	76,240,884	-

나. 용도구역(개발제한구역) 변경 결정(안) 사유서

구분	도면표시번호	위치	면적(㎡)	변경 사유
변경	-	경기도 양주시 남방동 52번지 일원	감)973,727	2020년 수도권 광역도시계획 상 개발제한구역 조정가능지 중 양주역세권 개발사업(1단계)을 추진하기 위한 사업대상지에 대해 개발제한구역을 해제하고자 함.

2. 공람기간 및 장소

가. 공람기간 : 공고게시일(신문게재일)로부터 14일간

나. 공람장소 : 양주시청 도시계획과(3층) (☎031-8082-6531)

다. 공람 방법 : 도시관리계획 변경결정(안) 및 전략환경영향평가서

(초안) 열람

3. 의견 제출

가. 공람장소에 비치된 의견서를 작성해 공람기간 내 서면으로 제출

나. 전략환경영향평가서 초안에 대해서는 본 사업으로 인해 예상되

는 생활환경 및 재난관계로 인한 피해와 저감방안 등에 대한 의

견을 공람기간 내에 공람장소에 비치된 주민의견서 제출서(양

식)를 작성해서 제출해주시기 바랍니다.

4. 기   타

가. 공람사항은 개별 통보하지 않고 본 공고로 갈음함을 알려드립

니다.

나. 기타 자세한 사항은 양주시 도시계획과(☎031-8082-6531)로 문

의해주시기 바랍니다.

대한민국정부

http://gwanbo.moi.go.kr

제18757호 2016. 5. 12.(목)

【고　　　　시】

(이면 계속)

발행 행정자치부　문의 ☎2100-3345, 2100-3346
(03171) 서울시 종로구 세종대로 209

일련번호	소재지	당초				변경				소유자		소유권 이외의 권리			구분지상권범위 평균해수면기준 해수면 ( )m~( )m까지
		지번	지목	면적(㎡) 원면적	편입면적	지번	지목	면적(㎡) 원면적	편입면적	주소	성명	종류	주소	성명	
1	군산시 신관동	831-3	답	2,712.0	0.9	831-3	답	2,712.0	0.0	전안군 마령면 평지리 992					
2	군산시 신관동	산96	임	1,488.0	8.0	산96	임	1,488.0	0.0	서울 강남구 청담동 109-7					
군산시 신관동 소계		2필지		4,200.0	8.9	0	필지	4,200.0	0.0						
1	군산시 개사동	479-1	답	945.0	1.0	479-1	답	945.0	0.0	412					
2	군산시 개사동	790-2	답	589.0	140.0	790-2	답	589.0	0.0	경기도 폐백시 이층동 671 이층이편한세상 102동 1202호		근지남	전라북도 남원시 향교동 223	남원 농업 협동 조합	
3	군산시 개사동	산22-4	임	1,636.0	3.0	산22-4	임	1,636.0	0.0	미원동229					
군산시 개사동 소계		3필지		3,170.0	144.0	0	필지	3,170.0	0.0						
	군산시 소룡동					1582-54	잡	65.8	65.8						
	군산시 소룡동					1582-53	구	183.7	183.7	군산시					
	군산시 소룡동					1582-56	도	58.5	58.5						
	군산시 소룡동					1582-55	잡	968.1	968.1						
군산시 소룡동 소계		0필지		0.0	0.0	4	필지	1,276.1	1,276.1						
합계		45필지		83,199.0	33,494.9	34	필지	93,040.1	39,466.1						

◉국토교통부고시제2016-258호

양주시 도시관리계획 변경(개발제한구역 일부해제) 결정

양주시 도시관리계획 변경(개발제한구역 일부해제)을 『개발제한구역의 지정 및 관리에 관한 특별조치법』 제8조제1항에 의하여 붙임과 같이 결정하였음을 알려 드립니다.

또한 같은 법 제8조제6항 및 『토지이용규제 기본법』 제8조 제2항의 규정에 따라 도시관리계획 결정(변경) 및 지형도면 등을 고시하고 관계도서는 양주시청에 비치하였으며 일반인 공람이 가능함을 알려드립니다.

※ 지형도면은 토지이용정보시스템(http://luris.molit.go.kr)에서도 열람이 가능함

2016년 5월 12일

국토교통부장관

1. 양주시 도시관리계획(용도구역:개발제한구역) 결정(변경)조서 : 붙임
2. 위 변경 결정도면 : 생략
3. 위 변경 지형도면 : 생략

[붙 임]

양주시 도시관리계획(용도구역) 결정(변경) 조서

□ 개발제한구역 변경(일부 해제)

구분	구역명	위 치	면 적 (㎡)			비 고
			기 정	변 경	변경후	
변경	개발제한구역	경기도 양주시 남방동 52번지 일원	77,164,587	감)620,739	76,543,848	

22

제18757호 관 보 2016. 5. 12.(목요일)

□ 변경사유 및 조건

ㅇ 2020년 수도권 광역도시계획 상 개발제한구역 조정가능지 중 양주역세권 개발사업을 추진하기 위한 사업대상지에 대해 개발제한구역을 해제하고자 함.

ㅇ 다만, 개발제한구역의 해제에 관한 도시·군관리계획이 결정·고시된 날부터 2년이 되는 날까지 관련 개발사업이 착공되지 아니한 경우 그 다음날부터 개발제한구역으로 환원함.

□ 양주시 도시관리계획 결정(변경) 결정도·지형도면 : 생략

※ 참고사항

도시관리계획 결정(변경)도(1/5,000) 및 지형도면은 양주시청(도시계획과)에 비치, 일반인 공람이 가능함을 알려드립니다.

●인천출입국관리사무소고시제2016-22호

다음 사람들은 국적법 제15조 규정에 따라 대한민국 국적을 상실하였으므로 고시합니다.

2016년 5월 12일

인천출입국관리사무소장

한국명	생년월일	성별	외국국적	등록예정기준지	한국국적 상실일	상실사유
이수자	1944.11.19	여	미 국		2008.07.14	외국국적취득
박오봉	1941.03.04	남	미 국		2008.07.14	외국국적취득
박희윤	1976.07.10	여	오스트레일리아		1988.06.10	외국국적취득
정원흠	1962.05.20	남	미 국		2015.03.18	외국국적취득
손병옥	1965.05.14	여	영 국		2015.08.11	외국국적취득
김선영	1968.10.19	여	영 국		2015.08.11	외국국적취득
손다인	1998.08.28	여	영 국		2015.06.11	외국국적취득
손정인	1998.08.28	남	영 국		2015.06.11	외국국적취득
손승인	2001.05.27	남	영 국		2015.06.11	외국국적취득
윤영회	1966.07.17	여	오스트레일리아		2010.11.25	외국국적취득
윤현식	1940.05.23	남	캐 나 다		2015.05.31	국적취득후외국적 포기불이행
이성호	1949.03.19	남	미 국		1987.07.29	외국국적취득
김순옥	1968.07.24	여	캐 나 다		2015.07.14	외국국적취득
김가윤	1996.03.04	여	캐 나 다		2015.01.09	외국국적취득

23

양주역세권 개발사업 추진 개요

양주역세권 개발사업 개요

- 위치 : 양주시 남방동 52번지 일원(양주역, 양주시청 주변 일원)
- 사업면적 : 약 997,800㎡
- 사 업 비 : 약 5,800억 원(보상비 3,350억 원, 공사비 2,450억 원)
- 사업방식 : 도시개발법에 따른 민·관 공동사업(특수목적법인 설립)

위치도

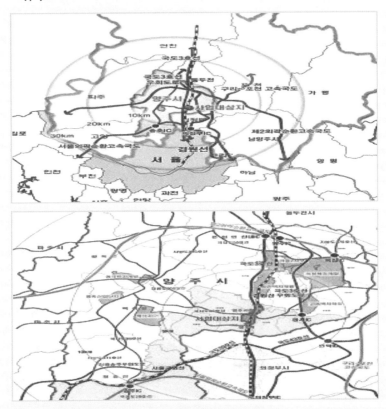

위성사진

토지이용계획(안)

단독주택용지
준주거시설용지
상업 · 업무용지
업무시설용지
유통시설용지
도시지원시설용지
공공청사
주차장
광 장
공 원
녹 지
하 천

※ 기본계획 및 제영향 평가 용역을 시행 중이며, 현재 개발제한구역 해제를 위한 도시관리계획(변경) 결정 절차 이행 중에 있습니다.

【참고 46】 양주역세권 개발행위 허가 제한 구역

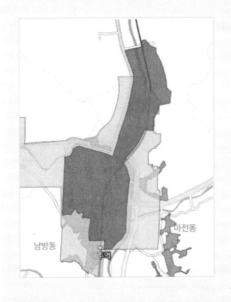

추진 현황

- 2007. 7. 6. 2020년 수도권 광역도시계획 수립
- 2011. 12. 6. 양주시 - 한국철도공사 MOU 체결
- 2012. 7. 26. 「양주역세권 개발사업 타당성검토 및 GB해제·개발(기본)계획 수립용역」 착수
- 2012. 10. 18. 사업구역 개발행위허가 제한
- 2012. 10. 23. 민간사업자 공모 공고
- 2012. 10. 30. 민간사업시행자 공모 사업설명회 개최

향후 추진계획

- 2012. 12. 우선협상대상자 평가 및 선정
- 2013. 6. G.B 해제 승인 및 고시
- 2013. 12. 도시개발사업 개발계획 및 실시계획 승인
- 2014. 1. ~ 2018. 8. 사업 착공 및 준공

※ 본 양주역세권 개발사업 추진개요는 이해를 돕기 위해 위치도, 위성사진, 토지이용계획도는 일부 편집했음.

2016 타경 6623 (임의)	물번7 [재매각] ∨		매각기일 : 2016-08-30 10:30~ (화)		경매5계 031-828-0361	
소재지	(114-96) 경기도 양주시 남방동 [도로명주소] 경기도 양주시 평화로					
현황용도	답	채권자	양주농업협동조합	감정가		779,072,000원
토지면적	3008㎡ (909.92평)	채무자		최저가		(100%) 779,072,000원
건물면적		소유자		보증금		(20%)155,815,000원
제시외		매각대상	토지만매각	청구금액		1,919,704,871원
입찰방법	기일입찰	배당종기일	2016-05-30	개시결정		2016-03-14

기일현황 ◎ 입찰5일전

회차	매각기일	최저매각금액	결과
신건	2016-06-21	779,072,000원	매각
안점순/입찰1명/낙찰1,036,910,000원(133%)			
	2016-06-28	매각결정기일	허가
	2016-08-12	대금지급기한	미납
신건	2016-08-30	779,072,000원	

모의입찰가	0 원	입력	?

감정평가현황 ▸ (주)가온감정 , 가격시점 : 2016-03-22 　　🔲 감정평가서

토지	건물	제시외건물(포함)	제시외건물(제외)	기타(기계기구)	합계
779,072,000원	×	×	×	×	779,072,000원
비고	1.농지취득자격증명원 제출 필요(미제출시 보증금 몰수) 2.지상의 비닐하우스는 매각에서 제외, 3.특별매각조건: 매수보증금 20% ※ 감정평가서상 제시외건물가격이 명시 되어있지않음. 입찰시 확인요함.				

토지현황 　　🔲 토지이용계획/공시지가　🔲 부동산정보 통합열람

	지번	지목	토지이용계획	비교표준지가	면적	단가(㎡당)	감정가격	비고
1	남방동 73-6	답	자연녹지지역	185,000원	3,008㎡ (909.92평)	259,000원	779,072,000원	
기타	'외미교차로' 남동측 인근에 위치 / 주변은 농경지 농가주택 임야 등이 혼재 / 본건 인근 및 근거리에 주요간선도로 버스정류장 등 이 소재 전반적인 교통상황 무난 / 인접토지와 대체로 등고 평탄한 세장형 토지 / 본건 북측 폭 약2m 내외의 구거와 연계된 폭 약 3m 내외의 포장도로 소재합 / 반환공여구역주변지역 / 개발행위허가제한지역 / 개발제한구역 광역계획구역 농업진흥구역							

제시외건물현황

	지번	층별	구조	용도	건물면적	감정가격	매각여부
1	남방동 73-6	(ㄱ)	미상	비닐하우스			매각제외

임차인현황　　매각물건명세서상 조사된 임차내역이 없습니다　　🔲 매각물건명세서 🔲 예상배당표

【참고 48】 양주역세권 물건사례 토지이용계획

지목	답	면적	3,008 ㎡
개별공시지가 (㎡당)	185,000원 (2016/01)		
지역지구등 지정여부	「국토의 계획 및 이용에 관한 법률」에 따른 지역·지구등	자연녹지지역 , 개발행위허가제한지역(2016-05-13) , 광역계획구역(2020수도권 광역도 시계획 GB조정대상지)	
	다른 법령 등에 따른 지역·지구등	농업진흥구역<농지법> , 성장관리권역<수도권정비계획법> , 반환공여구역주변지역<주 한미군 공여구역주변지역 등 지원특별법>	
	「토지이용규제 기본법 시행령」 제9조제4항 각 호에 해당되는 사항		

【참고 49】 양주역세권 물건사례 그린벨트 내 토지확인

PART 5

토지매수청구제도

토지매수청구제도 활용

필자가 상임이사(등기이사)로 있는 사단법인 토지보상법연구회는 전국 법과대학 및 대학원의 교수 및 감정평가사, 변호사, 국책연구기관 연구원, 공기업 임·직원 등 토지보상과 관련 있는 개인 및 단체가 분기마다 연구발표회 및 토론을 통해 토지 등 재산권보상에 관한 법제를 연구하고, 가장 합리적인 보상법제를 마련해 국민의 재산권을 보장함과 아울러 공공사업의 원활한 수행을 도모함을 목적으로 하는 연구단체다.

매 분기 발표회 때마다 발표자의 연구논문에 대해 치열한 토론이 이루어지기도 하는데, 필자는 가끔 공익사업으로 인한 개인재산권의 과다한 침해에 대해 우려하게 된다.

개인이 국가라는 거대한 권력 앞에 자신의 재산권을 지킬 수 있는 제도적 장치가 있기는 하지만, 아직도 미미한 수준으로 이마저도 알지 못해 사회적 문제로 비화되는 것을 볼 때면 안타까울 따름이다.

앞에서 거론한 바와 같이 국가기관의 권력남용에 일침을 놓은 대표적 사례가 장기 미집행 도시계획시설의 실효제도로, 1997년 헌법재판소가 장기 미집행 도시계획시설이 사유재산권을 침해한다며 헌법불합치 결정을 내림에 따라 도입하게 되었다.

헌법재판소는 당시 도시계획시설을 규율하던 도시계획법(현 국토계획법) 제6조 위헌소원사건에서 도시계획이 시행되는 구역 내의 토지소유자에게 보상규정 등을 두지 않은 것은 헌법에 합치되지 않는다고 판시했다(1999.10.21. 97헌바26 전원재판부). 이에 국토계획법 개정으로 10년 이상 도시계획이 실시되지 않은 장기 미집행 도시계획시설에 포함된 지목이 대지인 토지는 지자체에 토지매수청구를 할 수 있고 매수청구가 있는 날로부터 6개월 이내 매수 여부를 결정해서 통지해야 한다. 이때 매수청구자의 보유기간이 10년 이상을 필요로 하는 것이 아니며 보유기간과는 관련이 없다.

매수청구에 대해 보상은 현금으로 하는 것이 원칙이나 매수대금이 3천만 원을 초과하는 경우 도시계획시설채권(상환 기간 10년 이내)으로 보상할 수 있다.

그러나 매수청구를 했다 해서 모든 토지에 대해 반드시 의무적으로 매수하는 것이 아니라 매수 여부를 결정해 통지하는 것뿐이며 또한 매수청구를 받아들인다고 하여 즉시 보상금을 지급하는 것이 아니라는 점에 유의해야 한다. 그리고 이주대책비, 영업손실에 대한 보상, 잔여지* 보상 등은 청구대상에 해당하지 않는다.

또한 매수청구 결정 후 매수 기간으로 2년의 경과 기간을 두고 있는데, 이 역시 2년 이내 반드시 매수하겠다는 확약이 아니라는 것으로 2년

---

* 동일인 소유의 토지중 공익사업지구에 편입되고 남은 토지

이 경과했음에도 불구하고 지방자치단체가 매수를 통해 보상하지 않은 경우에는 종래의 용도대로 개발행위를 할 수 있다는 것이다.

매수청구제도와 관련해 필자가 자주 받게 되는 질문 중 하나는 지방자치단체를 상대로 토지매수청구 소송 제기를 통해 보상 시기를 촉진할 수 있는지에 관한 부분이다. 지금까지 이런 유형의 소송제기를 한 경험이 없고 사례를 알지 못하며 사건으로 이런 목적의 소제기는 승소 가능성이 희박할 것으로 생각한다.

다만 '우는 아이 떡 하나 더 준다'는 속담이 있듯이 해당 지방자치단체에 매수청구 후 결정 시기와 관계없이 매수 우선대상으로 해달라고 요청하는 등 지속해서 민원성 요청을 통해 매도의사가 있음을 알리는 것이 중요하다.

참고로 위에서 서술한 바와 같이 매수청구는 본래 지목이 대인 토지인 경우에만 가능하다. 비록 대가 아닌 전, 답 등 다른 지목의 토지이더라도 매수청구를 하는 것이 중요한데, 이런 토지의 매수 신청은 반려가 된다. 그러나 이는 매수청구의 목적이 아닌 소유한 토지를 매도할 의사가 있음을 통지하기 위한 방법으로 이용하고자 함이다.

그러나 많은 투자자는 민원제기를 불편해하고 추후 불이익받을 것을 우려해 매수 민원 제기를 꺼리는 경향이 있다. 그러나 우선 매수대상의 결정은 해당 지방자치단체의 결정 권한이고 지방자치단체 입장에서는 자신의 권리를 요구하는 자에게 우선권을 부여할 수밖에 없다.

법언法諺에 '권리 위에 잠자는 자는 보호받지 못한다'고 했다. 물론 매수청구의 우선순위가 법에 규정하고 있는 것은 아니지만, 일찍 일어난 새가 벌레를 잡아먹는 것은 당연한 이치일 것으로 투자수익은 노력으로 만들어지고 결정된다.

　매수청구제도는 장기 미집행 도시계획시설만이 아니라 개발제한구역 내 토지에 대해서도 매수청구제도가 적용된다.

　매수청구제도는 그린벨트, 도시계획시설만이 존재하는 것이 아니라 수자원보호구역의 보호를 위한 매수청구 등 다양한 매수청구제도가 존재한다.

【참고 50】 장기 미집행 도시계획시설과 개발제한구역 매수청구제도 비교

	개발제한구역	도시계획시설
종류	개발제한구역	근린공원, 도로 등
구역지정 후 제한	신고하지 않은 건축물의 건축, 용도변경, 죽목의 벌채 토지의 분할, 물건을 쌓아놓는 행위	
지정 기한	해당사항 없음	장기 미집행시설에 해당 – 해제
매수 방법	청구에 의한 매수	
매수청구 시기	구역지정 이후	도시계획시설 결정고시일로부터 10년 이내에 사업이 시행되지 않은 토지
판정기준	지목 관계 없음 • 종래의 용도대로 사용할 수 없어 효용이 현저히 감소한 토지 　– 동일지역, 동일지목의 개별공시지가가 50% 미만 • 토지의 사용 및 수익이 불가능한 토지	지목이 대(垈)인 토지
매수청구 권리자	• 구역지정 당시부터 소유한 소유주 • 사실상 사용이 불가능하게 되기 전에 토지를 취득한 자 • 토지를 상속받은 자	토지소유주

매수의무자	국토교통부 장관	특별시장, 광역시장, 시장 또는 군수 도시계획시설의 시행자로 지정을 받은 자
결과(매수)	매수청구를 받은 날부터 2월 이내 매수대상여부 및 매수가격통보	청구일로부터 6월 이내에 결정통보 후 2년 이내 매수

결과
(매수거부)
	제한 사항 그대로 유지
	(개발행위 할 수 없음)
		• 매수하지 아니하기로 결정한 경우
		• 매수결정 통지 2년 경과 후 개발행위
		허가를 받아 시설 설치 가능
		단독주택으로 3층 이하
		(연면적 300㎡ 이하)
		  – 1종 근린생활시설로 3층 이하
		  (연면적 1,000㎡ 이하)
		  – 2종 근린생활시설로 3층 이하
		  (연면적 1,000㎡ 이하)
		※ 단란주점, 안마시술소, 노래연습장,
		고시원 제외
		※ 1,2종 공히 분양 목적으로 하지 않
		아야 함

매수가격	토지보상법에 의한 감정평가 금액	
집행 절차	매수청구서 접수 – 매수결정 및 예상가격 통보	매수청구서 접수 – 검토조사 – 매수결정 – 예산편성 – 측량 및 감정평가 – 협의매수
구역해제	도시관리계획변경 – 국토부 승인 후 해제 단, 30만㎡ 이하의 경우 지자체 해제	2020년 7월 일몰제 적용 – 구역 취소

도시계획시설부지매수청구서	처리기간	접수 (※)	년 월 일	
	6개월		접수번호	제 호

토지소유자	① 성명(법인 인 경우는 그 명칭 및 대표 자 성명)	② 주민등록번호 (법인등록번호)	-	
	③ 주소	우	(전화 :)	

토지에 관한 사항	④ 위치	⑤ 면적(㎡)	⑥ 지번

도시계획시설에 관한 사항	구분	⑦ 시설명	⑧ 편입 면적(㎡)	⑨ 결정시기	⑩ 실시계 획인가일
	현황				
	확인내용 (※)				

토지에 있는 건축물 등에 관한 사항	⑪ 종류 (용도)	⑫ 구조	⑬ 연면적 (㎡)	⑭ 층수	⑮ 사용연수

매수청구에 관계되는 권리	⑯ 권리 종류	지상권·전세권 또는 임차권의 경우				
		⑰ 설정기간	⑱ 잔존기간	⑲ 담보 (한도)	⑳ 지대 (연액:원)	㉑ 특기사항

비 고	매수청구대상은 지목이 대(垈)인 토지와 당해 토지에 있는 건축물 및 정착 물에 한하며, 이주대책비, 영업손실에 대한 보상 및 잔여지 보상 등은 청구 대상이 아닙니다.

국토의 계획 및 이용에 관한 법률 제47조제1항의 규정에 의하여 위와 같이 토지의 매수를 청구합니다.

년 월 일

매수청구인 (서명 또는 인)
(토지소유자와의 관계 :)

특별시장·광역시장·시장·군수 귀하

수수료	없음	
구비서류	담당 공무원 확인사항 (담당공무원의 확인에 동의하지 아니하는 경우 청구인이 직접 제출하여야 하는 서류)	대상토지 및 건물에 대한 등기부등본 1부
	본인은 이 건 업무처리와 관련하여 「전자정부법」 제21조제1항에 따른 행정정보의 공동 이용을 통하여 담당 공무원이 위의 담당 공무원 확인사항을 확인하는 것에 동의합니다. 청구인 (서명 또는 인)	

(210㎜×297㎜)

기재 요령

1. 접수(※)란에는 청구인이 기재하지 아니합니다.

2. ⑧⑨⑩란은 청구인이 반드시 기재하지 아니해도 되는 사항입니다.

3. ⑦시설명란에는 국토의 계획 및 이용에 관한 법률 제30조의 규정에 의해 도시관
   리계획으로 결정된 시설을 기재하되, 동법시행령 제2조제1항의 규정에 의한 구
   분에 따라 시설명을 기재합니다.

   예) 도로·공원·학교 등

4. ⑪~⑮란에는 건축법상 건축물대장에 기록된 사항을 번호에 따라 기재합니다.

5. ⑯~㉑란에는 민법상의 권리관계를 번호에 따라 구체적으로 기재합니다.

이 청구서는 다음과 같이 처리됩니다.

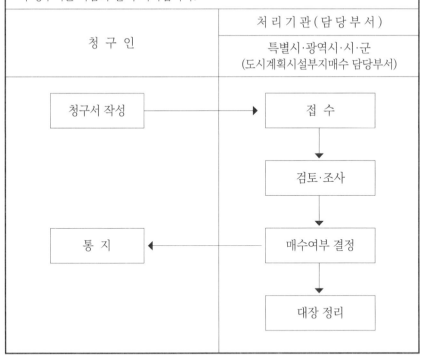

청 구 인	처 리 기 관 (담 당 부 서) 특별시·광역시·시·군 (도시계획시설부지매수 담당부서)
청구서 작성 →	접 수
	↓
	검토·조사
	↓
통 지 ←	매수여부 결정
	↓
	대장 정리

토지보상

토지보상 절차

| 공익사업계획 결정
(사업시행자) | • 관계 기관 농지전용, 산림훼손 등 협의 |

▼

| 토지·물건조서 작성
(사업시행자) | • 용지도 작성 (공사경계측량 등)
• 각종 공부조사
• 토지·물건조사 및 조서 작성 |

▼

| 보상계획 공고·열람
(사업시행자) | • 일간신문 공고
　(토지소유자 및 관계인이 20인 이상일 경우)
• 소유자 및 관계인에게 개별 통지
• 열람 : 14일 이상 (시·군·구)
• 이의신청(열람 기간 내) |

▼

| 보상액 산정
(사업시행자) | • 2개 감정평가업자 평가액 산술평균, 단 토지소유자가
　감정평가업자 1인 추천 시 3개 평가업자 평가액 산술
　평균
※ 보상계획 공고 또는 통지한 보상 대상 토지면적의 1/2
　이상의 토지소유자와 당해 토지소유자 총수 중 과반수
　동의를 얻은 경우로 보상계획 열람 기간 만료일부터
　30일 이내 추천 가능
• 보상협의회 개최(필요 시) |

▼

| 협의
(사업시행자) | • 보상협의요청서를 토지소유자 및 관계인에게 통지
• 협의 기간은 특별한 사유가 없는 한 30일 이상 |

▼

| 사업 인정
(건교부장관) | • 사업시행자에게 토지수용권 부여
• 수용대상토지 및 관계인 등 확정
• 토지세목고시 및 소유자 등에게 통지
• 토지소유자는 토지보전의무 발생 |

▼

| 재결신청
(사업시행자) | • 사업인정 및 세목고시 여부 확인
• 토지·물건조서 확인
• 보상액 산정의 적정 여부 등 검토 |

▼

| 공고·열람
(시·군·구) | • 14일간 시·군·구 게시판에 공고 및 열람
• 소유자 등에게 개별통지
• 소유자 등의 의견수렴(열람 기간 내 의견 제시) |

▼

| 의견검토 및 사실조사
(토지수용위원회) | • 소유자 및 사업시행자가 제출한 의견 검토
• 사실관계 확인(필요 시 현지조사) |

▼

| 감정평가 및 보상액 산정
(토지수용위원회) | • 2개 감정평가업자에게 평가 의뢰
• 2개 감정평가업자 평가액 산술평균으로 보상액 산정 |

▼

| 수용재결
(토지수용위원회) | • 위원회 심의·재결
• 재결서를 사업시행자·소유자 등에게 송달 |

▼

| 보상금 지급 또는 공탁
(사업시행자) | • 사업시행자는 수용개시일까지 보상금 지급 또는 공탁
후 토지소유권 취득
• 소유자는 토지 인도의무 발생 |

▼ 토지소유자 불복 시

| 이의신청 또는
행정소송 제기
(소유자) | • 수용재결서를 받은 날부터 30일 이내 이의신청 제기
또는 60일 이내에 행정소송 제기 가능
• 이의 유보후 보상(공탁)금 수령 가능 |

▼

| 이의신청 재결 또는 판결
(중앙토지수용위원회
또는 관할법원) | • 이의신청 재결서를 받은 날부터 30일 이내 행정소송
제기
• 판결문 송달일부터 14일 경과 후 확정 |

▼ 판결에 불복 시 고등법원, 대법원에 상소 제기

| 고등법원·대법원 판결 | • 불변기일 경과 후 소 확정 |

토지보상경매란?

토지보상경매 정의

공익사업으로 지정된 지역의 부동산 중 NPL 또는 법원의 경매·공매로 매각이 진행되는 물건을 저가에 매수해 해당 공익사업지역의 사업시행자에게 협의양도나 토지수용을 통해 매각하는 기법으로 매수와 매도를 하나로 하는 경매를 말한다.

토지보상경매의 장점

- 토지보상에 따른 매각 및 일반매각을 병행할 수 있으므로 투자자 금회수가 빠르다.
- 경매 취득과 토지보상매각의 차이를 이용해 확실한 양도차익을 얻을 수 있다.
- 투자 대상지역이 전 국토로 넓어지고 임야 등 투자 대상의 폭이 넓어진다.
- 보상금 불만족 시 재결 등 행정소송 및 소송을 통해 보상금 증액을 할 수 있다.
- 토지보상금만이 아니라 이주대책으로 인한 협의양도에 따른 협의 양도택지, 생활대책용지, 이주대책이 따른 입주권 등을 얻을 수 있어 추가수익창출이 가능하다.
- 대토사업 참여 시 개발지역 내 토지를 취득할 수 있다.
- 채권보상 및 보상 세무를 활용 시 양도소득세 절세효과를 얻을 수 있다.

- 공익사업지역만이 아니라 인근 지역을 활용한 가치상승 효과를 얻을 수 있다.
- 감정평가를 이해하게 되어 일반경매에 정확한 투자 분석이 가능하다.
- 공익사업의 이해로 부동산 개발에 대한 지식을 함양할 수 있다.
- NPL을 접목 시 추가 수익을 실현할 수 있다.

매매방식의 비교

매매방식	매매가격	가격결정방식	거래주체	매매원인	거래취소
보편적 매매	제시가격	절충방식	개인-개인	자기필요성	가능
경매	최고가격	가치 투자 방식	개인- 개인	채권만족	가능
토지보상	협의가격	감정평가방식	개인-국가	공익	불가능

공익사업이란?

공익사업의 정의

국가 또는 지방자치단체 및 그로부터 지정받은 자가 공공복리의 증진을 목적으로 관계 법률에 의해 허가·인가·승인·지정을 받아 사업의 시행에 필요한 토지 등을 협의취득하거나 수용 또는 사용할 수 있는 사업을 말한다.

공익사업의 종류

- 국방·군사에 관한 사업
- 공익을 목적으로 하는 철도·도로·공항·항만·주차장·공영차고지·삭도, 궤도·하천·제방·댐·운하·수도·하수도·하수종말처리·폐수처리·사방·방풍·방화·방조·방수·저수지·용수로, 배수로·석유비축 및 송유·폐기물처리·전기·전기통신·방송·가스 및 기상관측에 관한 사업
- 국가 또는 지방자치단체가 설치하는 청사·공장·연구소·시험소 보건 또는 문화시설·공원·수목원·광장·운동장·시장·묘지·화장장·도축장 및 공공용 시설사업
- 관계 법률에 의해 허가·인가·승인·지정 등을 받아 공익을 목적으로 시행하는 학교·도서관·박물관 및 미술관의 건립에 관한 사업
- 국가·지방자치단체·정부 투자 기관·지방공기업 또는 국가나 지방자치단체가 지정한 자가 임대나 양도의 목적으로 시행하는 주택의 건설 또는 택지의 조성에 관한 사업

- 위 사업을 시행하기 위해 필요한 통로·교량·전선로·재료적치장·그 밖의 부속시설에 관한 사업
- 그 밖에 다른 법률에 의해 토지 등을 수용 또는 사용할 수 있는 사업

주요 공익사업

- 택지개발사업
- 산업단지조성사업(국가산단, 일반산단, 농공산단 등)
- 정비사업(주택재개발사업, 주택 재건축사업, 도시환경정비사업, 주거환경개선사업)
- 도시개발사업(수용방식, 환지방식)
- 공공주택건설사업(구 보금자리주택사업)
- 관광단지 조성사업
- 도시계획시설사업(도로, 공원 등)
- 철도건설사업
- 역세권개발사업
- 도로사업(고속도로, 국도, 지방도 등)
- 신공항건설 및 항만 건설사업 등 약 96종류의 공익사업이다.

손실보상의 정의

특정 공익사업지역의 토지소유주 및 관계인에게 공익사업의 사업시
행으로 입게 되는 사유재산권에 가해진 특별한 희생에 대해 그 손실
을 보상하는 것을 말한다.

토지수용의 정의

특정한 공익사업의 효율적 수행을 위해 공익사업의 시행에 필요한
토지 등을 협의취득이 되지 아니하는 때에 토지보상법 등 관계법률
에 의해 강제로 토지의 소유권을 취득하는 행정적 행위를 말한다.

손실보상 대상

- 토지 및 이에 관한 소유권 이외의 권리
- 토지와 함께 공익사업을 위해 필요로 하는 입목, 건물 기타 토지
  에 정착한 물건 및 이에 관한 소유권 외의 권리
- 광업권·어업권 또는 물의 사용에 관한 권리
- 토지에 속한 흙·돌·모래 또는 자갈에 관한 권리

손실보상의 원칙

- 사업시행자보상의 원칙
- 현금보상의 원칙

- 채권보상대상 : 토지소유자 또는 관계인이 원하는 경우

　　　　　　　　　부재부동산 소유자의 토지(보상액이 1억 원 초과)

- 사전보상의 원칙
- 개인별 보상의 원칙
- 일괄보상의 원칙
- 사업시행 이익과 상계금지의 원칙

 손실보상 감정평가

감정평가의 정의

토지 및 그 정착물, 동산 등을 부동산가격공시 및 감정평가에 관한
법률에 의해 규정된 재산과 이들에 관한 소유권 등에 대해 국가기관
으로부터 공인된 자격을 가진 자가 그 경제적 가치를 판정해 그 결
과를 가액으로 표시하는 것을 말한다.

감정평가의 분류

- 필수적 평가(의무평가) : 토지보상평가, 경매평가
- 임의적 평가(임의평가) : 금융회사의 담보평가

감정평가 물건에 의한 분류

- 일괄평가 : 개별평가가 원칙이나, 일체로 거래되거나 용도상 불
　　　　　가분의 관계에 있는 경우

- 복합부동산
- 여러 필지의 토지가 하나의 획지로 이용
- 구분평가 : 한 개의 물건이라도 가치가 달리하는 부분
  - 산림(임지와 임목)
  - 주택과 점포가 하나로 된 건물
- 부분평가 : 부동산 전체 가격을 기준으로 해당 부분의 비중을 계산
  - 잔여지 평가
- 독립평가 : 복합부동산이라도 토지만을 독립한 부동산으로 보고
    평가
  - 표준지 평가

감정평가 3방식

3방식	6방법	시산가격 및 임료	근거	특징
원가방식	원가법	복성가격	비용성	공급가격
	적산법	적산임료		
비교방식	거래사례비교법	비준가격	시장성	균형가격
	임대사례비교법	비준임료		
수익방식	수익환원법	수익가격	수익성	수요가격
	수익비교법	수익임료		

비교방식의 산식

사례토지가격 × 사정보정치 × 시점수정치 × 지역요인비교치 × 개별요
인비교치 × 면적

보상평가 산정기준(토지)

보상기준

토지와 용도지역, 지목 등이 유사한 표준지 공시지가를 기준으로 그 공시기준일부터 가격시점까지의 관계 법령에 의한 당해 토지의 이용계획, 당해 공익사업으로 인한 지가의 영향을 받지 않는 지역의 지가변동률, 생산자물가상승률, 당해 토지의 위치·형상·환경·이용상황 등을 참작해 평가한 적정가격으로 보상하며 당해 공익사업으로 인해 상승된 지가(개발이익이나 투기적 거래에 의한 가격 등)는 보상평가 시 배제된다.

> 표준지 공시지가는 매년 1월 1일을 기준으로 평가해 국토교통부 장관이 고시

표준지 공시지가를 적용함에 있어 사업 인정 전의 협의에 의한 취득의 경우 당해 토지의 가격시점 당시 공시된 공시지가 중 가격시점에 가장 가까운 공시지가를, 사업인정 후의 취득의 경우 사업인정 고시일 전의 시점을 공시기준일로 하는 공시지가로 고시일에 가장 가까운 시점에 공시된 공시지가를 적용한다.

> 개별공시지가는 시장·군수·구청장이 개발 이익 환수에 관한 법률에 의한 개발부담금 부과, 토지 관련 조세부과 등 행정 목적을 위해 산정고시한 것으로 보상액 산정의 기준으로는 사용되지 아니한다.

토지는 공부상 지목에도 불구하고 가격시점 현재의 현실적인 이용 상황과 일반적인 이용 방법에 의한 객관적 상황을 고려해 산정하되, 일시적인 이용상황과 토지소유자 등이 갖는 주관적 가치 또는 특별한 용도로 이용할 것을 전제로 한 것은 고려하지 않는다.

> **[일시적인 이용상황]**
> 국가 또는 지방자치단체의 계획이나 명령 등에 의하여 당해 토지를 본래의 용도로 이용하는 것이 일시적으로 금지 또는 제한되어 그 본래의 용도외의 다른 용도로 이용되고 있거나 당해 토지의 주위 환경의 사정으로 보아 현재의 이용 방법이 임시적인 것들이다.

토지에 건축물 등이 있는 때에는 건축물이 없는 상태를 상정해 평가한다.

국토의 계획 및 이용에 관한 법률 등에 의해 공법상 제한을 받는 토지(용도지역 등 일반적 제한)에 대해서는 제한받는 상태로 평가한다. 다만, 공법상 제한이 당해 공익사업시행을 직접 목적으로 가해진 경우(개별적 제한)는 제한이 없는 상태로 평가한다.

> **[일반적 제한]**
> 제한을 가한 자체로 목적이 완성되고 별도의 구체적인 사업의 시행이 필요하지 않은 제한사항(용도지역 등)
>
> **[개별적 제한]**
> 제한을 가한 자체로 목적이 완성되지 않고 구체적인 사업시행을 필요로 하는 제한 사항(도시계획시설 결정 등)

건축법 등 관계법령에 의해 허가를 받거나 신고하지 않고 건축한 건축물의 부지, 불법으로 형질 변경한 토지에 대해서는 무허가 건축물 건축 당시 또는 불법 형질변경 당시 이용 상황을 상정해 평가보상한다.

종전에 시행된 공익사업의 부지로 보상금이 지급되지 아니한 토지(미불용지)에 대해서는 종전 공익사업에 편입될 당시 이용 상황을 상정해 평가한다.

도로 및 구거부지의 평가는 인근 토지 평가액의 1/5 내지 1/3로 평가보상한다.

국·공유지를 관계 법령에 의거, 적법하게 개간한 자가 개간 당시부터 보상 당시까지 당해 토지를 점유하고 있는 경우 개간에 소요된 비용을 평가보상한다.

사용하는 토지의 보상

사용하는 토지에 대해서는 그 토지와 인근 유사토지의 지료·임대료·사용 방법·사용 기간 및 그 토지의 가격 등을 참작해 평가보상한다.

토지의 지하 또는 지상 공간을 영구적으로 사용하는 경우 사용료는 당해 토지의 가격에 토지의 이용이 저해되는 정도에 따른 적정한 비율을 곱해서 산정한 금액으로 보상한다.

잔여지의 보상

일단의 토지의 일부가 협의 매수되거나 수용되어, 잔여지를 종래 목적대로 사용하는 것이 현저히 곤란한 경우 일단의 토지 전부를 매수 청구하거나 관할 토지수용위원회에 수용을 청구할 수 있다.

잔여지 매수청구는 일단의 토지의 일부에 대한 수용재결이 있기 전까지 해야 하며, 수용재결에 대한 이의신청 단계에서는 청구권이 소멸되어 불가하다.

잔여지 매수(수용) 시 보상액은 일단의 토지의 전체 가격에서 공익사업지구에 편입된 토지의 가격을 뺀 금액으로 한다.

[잔여지의 판단 기준]
① 대지로 면적의 과소 또는 부정형 등의 사유로 인해 건축물을 건축할 수 없거나 건축물의 건축이 현저히 곤란한 경우
② 농지로 농기계의 진입과 회전이 곤란할 정도로 폭이 좁고 길게 남거나 부정형 등의 사유로 인하여 영농이 현저히 곤란한 경우
③ 공익사업시행으로 인해 교통이 두절되어 사용 또는 경작이 불가능하게 된 경우
④ 위와 유사한 정도로 잔여지를 종래 목적대로 사용하는 것이 현저히 곤란하다고 인정되는 경우

일단의 토지의 일부가 취득·사용되어 잔여지의 가격이 감소하거나 그 밖의 손실이 있는 때, 또는 잔여지에 통로·도랑·담장 등의 신설 그 밖의 공사가 필요한 때는 그 손실이나 공사의 비용을 보상한다.

보상기준

건축물·공작물 기타 토지에 대한 정착물에 대해서는 이전에 필요한 비용(해체+운반+복원)을 보상함이 원칙이다.

다만, 건축물 등의 이전이 어렵거나 그 이전으로 인해 건축물 등을 종래의 목적대로 사용할 수 없게 된 경우, 건축물의 이전비가 그 물건의 가격을 넘는 경우 또는 사업시행자가 공익사업을 위해 직접 사용할 목적으로 취득하는 경우는 물건의 가격으로 보상한다.

건축물 보상

건축물에 대해서는 그 구조·이용 상태·면적·사용 가능 횟수·유용성 및 이전 가능성 그 밖의 가격형성에 관련되는 제요인을 종합적으로 고려해서 평가한다.

물건의 가격으로 보상한 건축물의 철거비용은 사업시행자가 부담한다. 다만, 소유자가 건축물 구성부분을 사용 또는 처분할 목적으로 철거하는 경우는 소유자의 부담으로 한다.

건축물 일부가 공익사업에 편입된 경우로 그 건축물의 잔여 부분을 보수해 사용할 수 있는 경우, 그 잔여 부분에 대해서는 보수비로 평가보상하며, 이 경우 보수비는 건축물의 잔여 부분의 가격을 초과하지 못한다.

건축물 평가 기준을 준용해 평가보상하며 아래에 해당되는 것은 별도의 보상을 하지 않는다.

- 공작물 등의 용도가 폐지되었거나 기능이 상실되어 경제적 가치가 없는 경우
- 공작물 등의 가치가 보상이 되는 다른 토지 등의 가치에 충분히 반영되어 토지 등 가격이 증가한 경우
- 사업시행자가 공익사업에 편입되는 공작물 등에 대한 대체시설을 하는 경우

보상평가 산정기준(영업보상)

보상기준

공익사업시행으로 영업을 폐지하거나 휴업함에 따른 영업손실은 영업이익과 시설 이전비용 등을 참작해 보상한다.

휴업 기간은 3개월 이내로 하며, 당해 공익사업을 위한 영업의 금지 또는 제한으로 인해 3개월 이상의 기간 동안 영업을 할 수 없는 경우, 영업시설 규모가 크거나 이전에 고도의 정밀성을 요구하는 등 당해 영업의 고유한 특수성으로 인해 3개월 이내에 다른 장소로 이전하는 것이 어렵다고 객관적으로 인정되는 경우에는 실제 휴업 기간으로 하되, 2년을 초과할 수 없다.

영업휴업에 대한 손실보상액 산정은 휴업 기간에 해당하는 영업이익에 영업용 자산에 대한 감가상각비·유지관리비와 휴업기간 중 정상적으로 근무해야 하는 최소인원에 대한 인건비 등 고정적 비용을 합한 금액으로 평가보상한다.

영업폐지에 대한 손실보상액 산정은 2년간 영업이익(최근 3년간의 평

균 영업이익)에 영업용 고정자산·원재료·제품 및 상품 등의 매각손실액의 합계액으로 평가보상한다.

[영업손실의 보상대상이 되는 영업]
① 사업인정고시일 등 전부터 일정한 장소에서 인적·물적 시설을 갖추고 계속적으로 영리를 목적으로 행하고 있는 영업
② 관계법령에 의한 허가·면허·신고 등을 필요로 하는 경우에는 허가 등을 받아 그 내용대로 행하고 있는 영업

[영업폐지의 인정기준]
① 영업장소 또는 배후지의 특수성으로 인해 당해 영업소가 소재하고 있는 시·군·구 또는 인접하고 있는 시·군·구의 지역 안의 다른 장소에 이전해서는 당해 영업을 할 수 없는 경우
② 당해 영업소가 소재하는 시·군·구 또는 인접하고 있는 시·군·구의 지역안의 다른 장소에서는 당해 영업의 허가 등을 받을 수 없는 경우
③ 도축장 등 악취 등이 심해 인근 주민에게 혐오감을 주는 영업시설로서 당해 영업소가 소재하고 있는 시·군·구 또는 인접하고 있는 시·군·구의 지역 안의 다른 장소로 이전하는 것이 현저히 곤란하다고 시장·군수 또는 구청장(자치구의 구청장)이 인정하는 경우

영업시설 일부가 편입되어 잔여시설에 그 시설을 새로이 설치하거나 잔여시설을 보수하지 않고서는 당해 영업을 계속할 수 없는 경우의 영업손실은 그 시설의 설치 등에 소요되는 기간의 영업이익에 그 시설의 설치 등에 통상 드는 비용을 더한 금액으로 평가보상하되, 휴업보상액을 초과할 수 없다.

허가 등을 받지 아니한 영업의 손실보상에 관한 특례

사업인정고시일 등 전부터 허가 등을 받아야 행할 수 있는 영업을 허가 없이 행해온 자가 공익사업의 시행으로 당해 장소에서 영업을 계속할 수 없게 된 경우는 가구원 수에 따른 3개월분의 주거 이전비를 산정해 보상한다(주거 이전비 산정기준 적용).

 ## 보상평가 산정기준(영업보상)

보상기준

공익사업시행 지구 안 편입된 농지에서 실제 재배하는 농작물 보상과 별도로 농민이 편입농지에서 영농을 계속하지 못함으로써 발생하는 농업의 손실보상은 재배 작물에 관계 없이 도별 농가평균 단위경작면적당 농작물 조수입의 2년분에 면적을 곱해 산정한 금액을 보상한다.

보상대상자

보상계획 공고일 또는 사업인정고시일 당시의 실제 경작자로 임차농지일 경우 농지의 소유자가 당해 지역에 거주하는 농민인 경우, 농지소유자와 실경작자 간의 협의 내용에 따라 지급하되, 협의가 성립되지 않을 경우 각각 50%씩 지급한다.

임차농지일 경우 농지의 소유자가 당해 지역에 거주하는 농민이 아닌 경우는 실제 경작자에게 지급하며, 실제 경작자가 자의에 의한 이농, 소유권 이전에 따른 임대차 계약의 해지 등의 사유로 보상협의일 또는 수용재결일 당시 경작하고 있지 않은 경우는 당해 지역에 거주하는 농민인 소유자에게 지급한다.

영농손실에 대한 보상액 산출

- 농가평균농작물조수입에 의한 방법

  도별 농작물조수입 / 도별표본농가 경지면적 × 2년
- 실제 소득에 의한 방법

  단위면적당 실제소득 × 면적 × 2년

※ 실제 소득에 의한 보상은 농작물 실제소득 인정기준에 의해 실제 소득이 입증된 경우에 한한다.

> **[보상에서 제외되는 농지]**
> ① 보상계획 공고 또는 사업인정고시일 이후부터 농지로 이용되고 있는 토지
> ② 일시적으로 농지로 이용되고 있는 토지
> ③ 타인 토지를 불법점유하고 있는 토지
> ④ 농민이 아닌 자가 경작하고 있는 토지
> ⑤ 토지의 취득에 대한 보상 이후에 사업시행자가 2년 이상 계속해 경작하도록 허용하는 토지

농기구 보상

농지의 2/3 이상이 공익사업시행지구에 편입되어 영농을 계속할 수 없는 경우에는 농기구 매각손실액을 평가보상하되, 매각손실액 평가가 곤할 경우에는 원가법에 의한 평가가격의 60% 이내에서 보상한다.

보상평가 산정기준(축산보상)

보상기준

영업의 손실보상에 관한 규정(휴업 또는 폐업 등의 평가 기준)을 준용해서 평가보상한다.

손실보상의 대상이 되는 축산업

축산법 제20조의 규정에 의해 신고한 부화업 또는 종축업으로 아래 표에 규정된 기준 마릿수 미만의 가축을 기를 때, 가축별 기준 마릿수에 대한 실제 사육 마릿수의 비율 합계가 1 이상인 경우

※ 예 : 닭 50/200 + 돼지 10/20 + 사슴 10/15 ≥ 1

가 축	기준 마리수
닭	200마리
오리	150마리
돼지	20마리
소	5마리
사슴	15마리
염소·양	20마리
꿀벌	20군

손실보상의 대상이 되지 않는 가축에 대해서는 이전비로 평가보상하되, 이전으로 인해 체중감소·산란율 저하 및 유산 그 밖의 손실이 예상되는 경우에는 이를 포함해 평가보상한다.

보상평가 산정기준(기타보상)

과수 등에 대한 보상

과수·수익이 나는 나무 또는 관상수(묘목 제외)에 대해서는 수종·규격·수령·수량·식수면적·관리상태·수익성·이식 가능성 및 이식의 난이도 그 밖에 가격형성에 관련되는 제요인을 고려해 평가한다.

묘목은 상품화 가능 여부, 이식에 따른 고손율, 성장 정도 및 관리상태 등을 종합적으로 고려해 평가한다. 상품화할 수 있는 묘목은 손실이 없는 것으로 보며, 매각 손실액이 있는 경우 그 손실을 평가보상한다.

농작물에 대한 보상

농작물을 수확하기 전에 토지를 사용하는 경우에 농작물 손실은 파종중 또는 발아기에 있거나 묘포에 있는 농작물은 가격시점까지 소요된 비용의 현가액으로, 그 외 농작물은 예상 총수입(최근 3년간의 평균 총수입)의 현가액에서 투하비용을 뺀 현가액으로 보상한다.

분묘에 대한 보상

분묘에 대해서는 이장에 드는 비용 등을 산정해 보상한다.

연고자가 있는 분묘는 분묘이전비·석물 이전비·잡비 및 이전 보조비의 합계액으로 산정해 보상한다.

연고자가 없는 분묘는 이전보조비를 제외한 유연묘 보상액의 50% 이하 범위에서 산정해 보상한다.

이전보조비는 묘지면적에 묘지가 소재하는 시·군·구에 소재한 법인 묘지의 단위면적당 사용료를 곱한 금액(100만 원 이하 금액)으로 산정한다.

휴직 또는 실직보상

공익사업시행에 따른 엉업의 휴업 또는 폐업으로 휴지 또는 실직하는 근로자의 임금손실에 대해서는 근로기준법에 따른 평균임금을 참작해 보상한다.

사업인정고시일 등 당시 공익사업시행지구 안의 사업장에서 3월 이상 근무한 근로자(소득세법에 따른 소득세가 원천징수된 자에 한함)에 대해서는 아래 기준에 따라 보상한다.

- 근로 장소 이전으로 일정 기간 휴직하게 된 경우, 휴직일수(90일을 초과하지 못함)에 근로기준법에 따른 평균임금의 70%에 해당하는 금액으로 보상하되, 근로기준법에 따른 통상임금을 초과하는 경우 통상임금을 기준으로 보상
- 근로 장소 폐지 등으로 직업을 상실하게 된 경우, 근로기준법에 따른 통상임금의 90일분에 해당하는 금액을 보상

보상평가 산정기준(이주정착금)

공익사업의 시행으로 주거용 건축물을 제공함에 따라 생활근거지를 상실하게 되는 자에 대해서는 이주대책을 수립·실시하거나 이주정착금을 지급한다.

[보이주대책(이주정착금 지급) 제외 대상자]
① 허가를 받거나 신고를 하고 건축해야 하는 건축물을 허가받지 않거나 신고를 하지 않고 건축한 건축물의 소유자
② 당해 건축물에 공익사업을 위한 관계 법령에 의한 고시 등이 있는 날부터 계약체결일 또는 수용재결일까지 계속해 거주하고 있지 않은 건축물의 소유자 (요양, 입영, 공무, 취학 그 밖에 이에 준하는 부득이한 사유로 거주하지 아니한 경우는 제외)
③ 타인이 소유하고 있는 건축물에 거주하는 세입자

이주정착금 지급액

주거용 건축물 평가액의 30%에 해당하는 금액으로 5백만 원 미만인 경우 500만 원, 1천만 원을 초과하는 경우 1천만 원

보상평가 산정기준(주거이전비)

주거용 건축물 소유자에게는 가구원 수에 따라 2개월분의 주거이전 비를 보상하게 되나, 소유자가 당해 건축물에 실제 거주하지 않거나 당해 건축물이 무허가 건축물 등인 경우는 지급하지 않는다.

주거용 건축물 세입자로 사업인정고시일 등 당시 또는 공익사업을 위한 관계법령에 의한 고시 등이 있은 당시 공익사업시행지구 안에 서 3개월 이상 거주한 자에게는 가구원 수에 따라 3개월분의 주거 이전비를 보상한다. 다만, 다른 법령에 의해 주택입주권을 받았거나 무허가 건축물 등에 입주한 세입자는 지급하지 않는다.

 보상평가 산정기준(이사비)

주거용 건축물의 거주자에 대해서는 가재도구 등 동산의 운반에 필 요한 비용(이사비)을 보상한다. 다만, 이사비 보상을 받는 자가 당해 공익사업지구 안으로 이사하는 경우는 지급하지 않는다.

 보상평가 산정기준(권리보상)

어업권 및 광업권 등 권리에 관해 수산업법령 및 광업법령 등 관계 법령에 따라 투자 비용, 예상수익 및 거래가격 등을 참작해 평가한 가격으로 보상한다.

보상평가 산정기준(공익사업시행지구 밖의 토지 등의 보상)

대지 등에 대한 보상

공익사업시행지구 밖의 대지(조성된 대지)·건축물·분묘 또는 농지(계획적으로 조성된 유실수단지 및 죽림단지 표함)가 공익사업으로 인해 산지나 하천 등에 둘러싸여 교통이 두절되거나 경작이 불가능하게 된 경우에는 그 소유자의 청구에 의해 이를 공익사업시행지구에 편입되는 것으로 보아 보상한다.

건축물에 대한 보상

소유 농지의 대부분이 공익사업지구에 편입됨으로써 건축물(건축물의 대지 및 잔여농지를 포함)만이 공익사업시행지구밖에 남게 되는 경우로, 그 건축물의 매매가 불가능하고 이주가 부득이한 경우에는 당해 건축물 소유자의 청구에 의해 이를 공익사업시행지구에 편입된 것으로 보아 보상한다.

소수잔존자에 대한 보상

공익사업시행으로 한 개 마을의 주거용 건축물이 대부분 공익사업시행 지구에 편입됨으로써 잔여 주거용 건축물 거주의 생활환경이 현저히 불편하게 되어 이주가 부득이한 경우에는, 당해 건축물 소유자의 청구에 의해 이를 공익사업시행지구에 편입된 것으로 보아 보상한다.

공익사업시행지구 밖의 공작물 등에 대한 보상

공익사업시행지구 밖에 있는 공작물이 공익사업의 시행으로 인해 그 본래의 기능을 다할 수 없게 되는 경우에는 그 소유자의 청구에 의해 이를 공익사업시행지구에 편입된 것으로 보아 보상한다.

공익사업시행지구밖의 어업피해에 대한 보상

공익사업시행으로 인해 당해 공익사업시행지구 인근에 있는 어업에 피해가 발생한 경우 사업시행자는 실제 피해액을 확인할 수 있는 때에 그 피해에 대해 보상하며, 이 경우 실제 피해액은 수산업법령에 의한 평균수익액을 기준으로 평가한다.

공익사업시행지구 밖의 영업손실에 대한 보상

공익사업지구 밖에서 영업손실보상 대상이 되는 영업을 하는 자가 공익사업의 시행으로 인해 배후지의 2/3 이상이 상실되어 당해 장소에서 영업을 계속할 수 없는 경우에는 그 영업자의 청구에 의해 공익사업시행지구 안에 편입되는 것으로 보아 보상한다.

공익사업시행지구 밖의 농업의 손실에 대한 보상

경작하고 있는 농지의 2/3 이상에 해당하는 면적이 공익사업시행지구에 편입되어 당해지역에서 영농을 계속할 수 없게 된 경작 농민에 대해서는 공익사업지구 밖에서 그가 경작하고 있는 농지에 대해서도 영농손실액을 보상한다.